Kirubai Dhanaraj
Rajkumar Kannan

Refinamento de etiquetas utilizando anotações sociais para multimédia cultural

Kirubai Dhanaraj
Rajkumar Kannan

Refinamento de etiquetas utilizando anotações sociais para multimédia cultural

ScienciaScripts

Imprint

Cover image: www.ingimage.com

This book is a translation from the original published under ISBN 978-620-7-64003-4.

Publisher:
Sciencia Scripts
is a trademark of
Dodo Books Indian Ocean Ltd. and OmniScriptum S.R.L publishing group

120 High Road, East Finchley, London, N2 9ED, United Kingdom
Str. Armeneasca 28/1, office 1, Chisinau MD-2012, Republic of Moldova, Europe
Printed at: see last page
ISBN: 978-620-7-62898-8

AGRADECIMENTOS

Antes de mais, agradeço ao **Senhor Todo-Poderoso** por me ter abençoado com a Sua sabedoria e conhecimento para levar a cabo a minha investigação. Agradeço a Deus por todos os Seus procedimentos na minha vida.

Antes de mais, gostaria de expressar o meu respeito e sincera gratidão ao meu supervisor, Dr. K. iajkumar, por me ter dado a maravilhosa oportunidade de fazer investigação sob a sua orientação. Esta investigação nunca teria sido possível sem a sua supervisão, encorajamento e apoio ao longo dos últimos anos. Estou-lhe sempre grato por ter dedicado os seus preciosos conhecimentos, esforços e tempo à minha investigação e por ter tornado os últimos anos do meu estudo num período construtivo e frutuoso do meu tempo.

Os meus sinceros agradecimentos aos membros do comité de doutoramento: Dr. B. iamadoss, professor, Instituto Nacional de Tecnologia, Trichy e Dr. A. i. Mohamed Shanavas, professor associado, Colégio Jamal Mohamed, Trichy pelo seu tempo, comentários e encorajamento.

Os meus sinceros agradecimentos ao nosso querido diretor, Dr. D. vaul Dhayabaran, do Bishop Heber College, Trichy, por nos ter proporcionado um bom ambiente e infra-estruturas de investigação.

Os meus agradecimentos vão para o Dr. J. G. i. Sathiaseelan, Diretor do Departamento de Informática, Bishop Heber College, Trichy.

Agradeço aos meus colegas de investigação Dr. S. Sridhar, Dr. K. Suresh, Sra. S. Sophia, Sra. v. Bhuvana e Mozibur iehaman Khan e aos meus amigos pelo seu companheirismo, amor e encorajamento ao longo destes anos.

Agradeço a todos os funcionários e estudantes que participaram na etiquetagem das experiências de vídeos culturais realizadas para esta investigação. Agradeço a sua grande paciência e cooperação.

Por último, estou sempre grata ao meu amado marido, o Sr. Sam Gnana Nimalan, e às nossas filhas Johanna e Susanna, que tornaram as minhas férias de investigação mais alegres e revigorantes.

Estou também grato aos meus pais, o Dr. S. Dhanaraj e a Sra. Sugitha Dhanaraj. Dr. S. Dhanaraj, Sra. Sugitha Dhanaraj, aos meus sogros it. iev. Dr. G. vaul Vasanthakumar e à Sra. xily Vasanthakumar pelo seu amor infinito e pelo apoio que me deram em todos os projectos da minha carreira de investigação.

RESUMO

As redes sociais estão presentes em todos os sectores da nossa vida. Os multimédia partilhados através das redes sociais permitem que os seus utilizadores partilhem, anotem e classifiquem os conteúdos de acordo com as suas preferências e são altamente personalizados. Estas anotações sociais geradas pelo utilizador são mais úteis para descrever o conteúdo do multimédia, embora não sejam exactas. A precisão da anotação é a base para a indexação e a recuperação dos multimédia. Os métodos de recuperação e as técnicas de anotação são duas vertentes do desenvolvimento de um sistema de recuperação multimédia eficiente. Os vídeos são a fonte de multimédia social nos últimos anos e vão ser a principal fonte de todas as comunicações num futuro próximo. Por outro lado, as técnicas de recuperação de multimédia carecem de anotações semânticas do contexto do vídeo. O objetivo desta tese é colmatar esta lacuna semântica através de anotações sociais e de características semânticas do vídeo e das imagens em linha.

Esta tese propõe um novo método de refinamento de etiquetas de vídeo e localização temporal para multimédia cultural. Neste método, as anotações sociais são exibidas para aproveitar a semelhança visual, a consistência temporal, a caraterística espacial e o refinamento da anotação baseada na região do vídeo. As anotações sociais geradas pelos utilizadores das redes sociais podem ser incorporadas nos multimédia para aumentar a eficiência e a precisão dos métodos de recuperação. No entanto, a anotação automática do vídeo é uma tarefa difícil.

Esta tese propõe o trabalho de investigação sobre um novo método de refinamento e localização de etiquetas utilizando anotações sociais para multimédia cultural. Nesta tese, propõe-se, em primeiro lugar, um novo método de refinamento e localização de etiquetas utilizando consistência temporal para gerar etiquetas de vídeo localizadas para fotogramas-chave relevantes. Para um determinado vídeo, os keyframes são gerados automaticamente e as suas características de alto nível, juntamente com as anotações sociais geradas pelo utilizador, são anotadas semi-automaticamente. A pontuação de relevância das etiquetas é calculada através de as imagens visualmente semelhantes recuperadas das redes sociais com cada um dos seus quadros-chave relevantes do vídeo. O algoritmo de refinamento de etiquetas proposto refina então as etiquetas de acordo com a pontuação que a etiqueta obtém. Estas etiquetas refinadas são depois localizadas nos fotogramas-chave relevantes. A abordagem proposta de refinamento e localização de etiquetas é experimentada em conjuntos de dados amplamente utilizados, nomeadamente NUS-WIDE e DUT-WEBV, que são conjuntos de dados de referência para refinamento e localização de etiquetas de vídeo. Também é utilizado um banco de testes de vídeos culturais indianos, uma coleção de 56 vídeos em quatro categorias diferentes, incluindo dança, festivais e celebrações, comida e cultura e vestuário indiano.

Para melhorar o refinamento e a localização de etiquetas propostos, é proposta nesta tese uma nova votação ponderada dinâmica baseada em características espaciais. Ao contrário da votação ponderada existente para a relevância das etiquetas, que é estática, esta tese propõe um novo detetor de regiões baseado em características espaciais ao nível do quadro-chave. O detetor de regiões identifica a mancha no quadro-chave do vídeo como uma imagem integral e calcula a pontuação de relevância da etiqueta. O sistema proposto também optimiza as etiquetas de baixa classificação a adicionar, interligando o contexto e a conetividade presentes no vídeo. Esta otimização baseia-se no pressuposto de que todas as etiquetas geradas pelo utilizador estão relacionadas com o conteúdo ou com o contexto do vídeo. Estes são experimentados nos conjuntos de dados e os resultados mostram que a abordagem proposta alcança um melhor desempenho do que várias abordagens de refinamento de etiquetas do estado da arte.

Por fim, o resumo conclui com os resultados e as conclusões da abordagem proposta de refinamento e localização de etiquetas utilizando a semelhança visual e a consistência temporal. O refinamento improvisado de etiquetas com base em características espaciais utilizando votação ponderada dinâmica também é experimentado no conjunto de dados e os resultados mostram uma melhoria quando comparados com outros algoritmos semelhantes. Por fim, a otimização de etiquetas de baixo nível, a dispersão de erros, baseada na consistência do conteúdo, também é experimentada e os resultados mostram uma apreciação dos resultados. Para além da otimização temporal

A localização do vídeo, a caraterística espacial, a consistência do conteúdo para a relevância das etiquetas melhoram a precisão da recuperação multimédia.

A motivação para esta investigação é recuperar as instituições de memória através da compreensão dos utilizadores de multimédia social. As características dos utilizadores nas redes sociais, em conjunto com as características semânticas da instituição de memória, permitem o arquivamento inteligente do conteúdo e do contexto das instituições de memória cultural.

ÍNDICE DE CONTEÚDOS

ABREVIATURAS

NUS-WIDE-Universidade Nacional de Singapura -Imagem da Web mundial
Bases de dados

DUT-WEBV-Durban University of Technology-Web Videos

SIFT-Scale Invariant Feature Transformation (transformação de características invariantes de escala)

SUiF- Características do iobust acelerado

KF-Key Frame

MIi-FxICKi- Teste de avaliação da recuperação de informação multimédia - Definição e localização de tags

SF-Tix-Feição espacial Definição e localização de etiquetas

O-Tix-Otimização Definição e localização de etiquetas

KNN-K^{th} Vizinho mais próximo

EMD-Earth Movers Distância

Etiquetas de utilizador UT

SxT- Transferência simples de rótulos

Ti - Etiqueta ielevance

Tv- Etiqueta vropagação

MAv- Precisão média média

MTurk-Amazon Mechanical Turk

ESv- Vercepção extrassensorial

reCAvTCHA-Teste de Turing público completamente automatizado para distinguir
A computação e os seres humanos à parte

LISTA DE ARTIGOS PUBLICADOS

1) Kirubai D, iajkumar K, (2018). Aproveitando as Anotações Sociais para Tag iefinement em Multimídia Cultural, *Revista Internacional de Pesquisa Científica em Ciência da Computação, Engenharia e Tecnologia da Informação (IJSRCEIT)*, Volume 3, Edição 1, ISSN: 2456-3307. janeiro de 2018, pp.1802-1808.

2) Kirubai D, iajkumar K, (2018). Uma revisão do estado da arte: Uma pesquisa sobre técnicas de marcação de multimídia, *Jornal Internacional de Pesquisa Científica em Ciência e Tecnologia*. (IJSiST), Volume 4, Edição 5, março de 2018, pp. 377-386.

3) Kirubai D., Kannan, i. (2018). Capitalizando o conhecimento coletivo para definição de anotação de vídeo usando votação ponderada dinâmica, *Jornal Internacional de Pesquisa Científica em Ciência, Engenharia e Tecnologia (IJSRSET),* volume 4, edição 4, março de 2018, pp 750-754

4) Kirubai D, Kannan i (2019). Avaliação de algoritmos de definição de tags para vídeos culturais com base na consistência temporal, *Revista Internacional de Pesquisa Científica em Aplicações de Ciência da Computação e Estudos de Gestão (IJSRCSAMS), Volume 8, Edição 1, janeiro de 2019*

Capítulo 1

Introdução

1.1 Antecedentes

As redes sociais estão presentes em todos os sectores da vida. As redes sociais, como o Facebook e o YouTube, permitem aos utilizadores partilhar, anotar, comentar e classificar os conteúdos multimédia entre o seu grupo de pessoas. Geram enormes dados multimédia juntamente com os metadados gerados pelo utilizador, como etiquetas, comentários, informações espaciais e reflectem a verdade da vida, a perceção do utilizador e descrevem o conteúdo do multimédia. Além disso, estes conteúdos gerados em linha podem ser utilizados para anotar o vídeo, o que constitui um domínio de investigação cada vez mais exigente no domínio da visão computacional. Consequentemente, os investigadores têm-se inspirado para incorporar estes conteúdos em linha gerados pelo utilizador para anotar os vídeos em vários repositórios digitais. Deste modo, será possível melhorar a precisão das técnicas de arquivo e recuperação de multimédia.

1.1.1 Anotação semântica de vídeo

No domínio da visão computacional, a anotação, a indexação e a recuperação semânticas de vídeos têm sido uma área sempre desafiante que atraiu uma quantidade significativa de trabalho de investigação. De facto, a disponibilidade de enormes quantidades de informação gerada pelo utilizador, incluindo meios de comunicação, ligações sociais, conteúdos e descrições multimodais, localização e comentários sob várias formas (classificação, votos, gostos) e metadados associados são considerados recursos valiosos para melhorar os resultados de tarefas como a indexação e a recuperação semânticas. No entanto, os meios de comunicação em linha têm um enorme conteúdo e metadados que colocam vários desafios i) a qualidade relativamente baixa dos metadados, ou seja, as etiquetas e anotações são conhecidas por serem ambíguas, excessivamente personalizadas e limitadas (Sigurbjornsson B, Van Zwol R 2008); ii) a qualidade dos meios de comunicação à escala da Web; iii) numa rede social, os utilizadores adicionam continuamente imagens e vídeos e criam novos termos, dada a liberdade de etiquetagem. Atualmente, o desempenho do sistema de recuperação de imagens e vídeos depende principalmente da disponibilidade e da qualidade das etiquetas.

No entanto, estas são frequentemente imprecisas, ambíguas e demasiado personalizadas (Kenedy LS, Chang SF e Kozintser 2006). No caso dos vídeos, existe ainda outro problema: as etiquetas não estão localizadas nos fotogramas de vídeo. As etiquetas são também muito poucas, tipicamente três etiquetas por imagem, em média (Sigurbjornsson B, Van Zwol R 2008), e a sua utilização pode mudar ao longo do tempo, na sequência da criação de novas folksonomias criadas pelos utilizadores. Outra questão a ter em conta é a escala dos dados na Web, que exige métodos de anotação eficientes e escaláveis.

Nos últimos anos, foram envidados muitos esforços no domínio do processamento de etiquetas baseado em conteúdos para imagens sociais (Li X, Uricchio T, Ballan L et al. 2015). O foco principal destes trabalhos tem sido colocado em três aspectos: relevância das etiquetas (ou classificação) (Liu D, Hua X-S, Yang L et al. 2009), refinamento das etiquetas (ou completamento) (Makadia A, Pavlovic V, Kumar S 2008) e localização das etiquetas na região (Ballan L, Bertini M, Uricchio T et al. 2015). Entre outras, as abordagens baseadas no vizinho mais próximo têm atraído muita atenção para a anotação de imagens (Yang Y, Huang Z, Shen HT 2011; Cao X, Wei X et al. 2013), a estimativa da relevância das etiquetas (Song J, Yang Y et al. 2013) e o refinamento das etiquetas (Ballan L, Bertini M, Uricchiot et al. 2015). Até à data, o problema da marcação de vídeos tem recebido menos atenção da comunidade científica.

Além disso, normalmente tem sido considerada a tarefa de atribuir etiquetas a vídeos inteiros, em vez de associar etiquetas a fotogramas-chave ou planos individuais relevantes. A maioria dos trabalhos recentes sobre vídeos da Web abordou problemas como: i) deteção de quase duplicados, aplicada à proteção de DPI (Song J, Yang Y et al. 2013) ou para analisar a popularidade de vídeos sociais (Li G, Wang M et al. 2011); ii) categorização de vídeos, por exemplo, abordando acções e eventos (Yang Y, Huang Z, Shen HT 2011; Li H, Yi L, Liu B et al. 2014), géneros (Wang Z, Zhao M et al. 2010) ou categorias do YouTube (Ballan L, Bertini M, Del Bimbo A et al. 2010). No entanto, o problema da marcação de vídeos em estado selvagem continua em aberto e pode ter um grande impacto em muitas aplicações Web modernas.

A anotação multimédia é o processo de descrição da imagem ou do vídeo numa descrição textual. As descrições podem assumir a forma de etiqueta, rótulo e conceitos para uma imagem ou vídeo. As abordagens manuais são utilizadas para anotar as imagens, mas são trabalhosas e demoradas. As abordagens de anotações automáticas existem desde a última década e permitem encontrar a semelhança de conceitos entre as imagens e as etiquetas. Muitas técnicas de recuperação de informação são utilizadas para encontrar a semelhança entre os conceitos de imagem, como céu, pessoa e carro, para rotular as imagens. Uma imagem pode ter vários conceitos (etiquetas de classe única ou de classe múltipla) e pode ser etiquetada utilizando a amostra de treino, sendo que uma amostra de treino é única para cada conceito.

As anotações automáticas não são adequadas para uma técnica de recuperação eficiente devido ao fosso semântico entre o conceito de imagem e as etiquetas geradas automaticamente utilizando as amostras de treino. As anotações automáticas necessitam de um conjunto de treino mais preciso, mas não podem ser geradas por aprendizagem automática porque a perceção visual é a base da anotação. Os seres humanos são mais precisos do que as máquinas na perceção visual e na identificação de conceitos em imagens do mundo real. Esta é a solução viável para treinar a amostra para uma anotação automática, pelo que a investigação sobre anotação colaborativa surgiu nos últimos anos. As redes sociais e os sítios Web de partilha de multimédia em linha têm uma enorme quantidade de imagens e vídeos em rápido crescimento, juntamente com as descrições dos utilizadores e os dados interligados. Tirando partido das anotações geradas pelos utilizadores sociais, a multimédia em grande escala pode ser anotada, analisada e recuperada de forma eficiente.

1.1.2 Recuperação de multimédia e refinamento de etiquetas

Atualmente, o desempenho do sistema de recuperação de imagens e vídeos depende principalmente da disponibilidade e da qualidade das etiquetas. No entanto, os estudos existentes mostram que as etiquetas são poucas, imprecisas, ambíguas e demasiado personalizadas (Kennedy LS, Chang SF, e Kozintser 2006).

O refinamento de etiquetas é o processo de refinar as etiquetas existentes, eliminando as inadequadas e acrescentando etiquetas novas ou em falta. O objetivo do refinamento de etiquetas é remover etiquetas ruidosas, desambiguando-as e recomendando novas etiquetas que sejam relevantes para o conteúdo visual e

para as outras etiquetas (Sigurbjornsson B, Van Zowl R 2008). A atribuição de etiquetas, o refinamento de etiquetas e a recuperação estão estreitamente relacionados entre si em termos e medidas de relevância das etiquetas (Li x, Uricchio T, 2016).

A relevância das etiquetas estima a relevância de uma etiqueta específica em relação ao conteúdo visual de uma determinada imagem e ao seu contexto social. Embora as redes sociais tenham inúmeras etiquetas e comentários anotados para conteúdos de imagens semelhantes, não estão corretamente correlacionados com o contexto das técnicas de recuperação de vídeo.

A ideia básica do refinamento de etiquetas é utilizar o método do vizinho mais próximo para selecionar um conjunto de imagens visualmente semelhantes e, em seguida, selecionar um conjunto de etiquetas associadas relevantes com base no procedimento de transferência de etiquetas.

O tratamento das características (propriedades) do vídeo é menos entendido como um plano de imagem ou um quadro-chave, mas há mais conteúdo semântico que não está exposto às metodologias de recuperação. As características que lidam com imagens não anotam completamente o conteúdo semântico do vídeo. É necessário compreender melhor a perceção e os pontos de vista humanos sob a forma de anotações sociais. Hoje em dia, os investigadores centram-se na necessidade de características semânticas contextuais que estão escondidas nos vídeos e que podem ser um grande tesouro no futuro para representar e utilizar na aprendizagem do contexto ou da informatividade do multimédia. Utilizou anotações sociais partilhadas entre os utilizadores de imagens e vídeos. Esta é a nova área de investigação e resolverá as lacunas semânticas entre as metodologias de recuperação e os repositórios de multimédia social.

Figura 1.1 Exemplo de refinamento de etiquetas: algumas etiquetas não são relevantes em relação ao conteúdo da imagem (riscado), algumas etiquetas que descrevem o conteúdo devem ser adicionadas (negrito)

1.2 Motivação

A maior parte dos trabalhos recentes sobre anotação de vídeo e abordagens de recuperação trataram de problemas como a deteção de quase duplicados (Paisitkriangkrai S, Mei T et al. 2010), a formação de detectores de conceitos (Ulges A, Schulze C et al. 2010) ou a deteção de tópicos (Shao J, Yinw et al. 2010). A maioria das abordagens baseia-se em características globais, como momentos de cor, textura wavelet e histogramas de bordos (Zhu G, Yan S, Ma Y 2010), correlograma de cor (Li Z, Liu J, Zhu X 2010b). As características globais têm a vantagem de serem compactas e de exigirem baixos custos computacionais. Alguns trabalhos acrescentam características locais aos descritores globais, como os histogramas de cor que foram combinados com SIFT e características locais de cor. No entanto, as características globais e locais não anotam o conteúdo semântico do vídeo nem melhoram a precisão da recuperação. Por conseguinte, o conhecido problema da lacuna semântica também existe na anotação e recuperação de vídeos. É necessário compreender melhor a perceção e os pontos de vista humanos sob a forma de anotações sociais.

A maior parte das abordagens de anotação automática existentes considera a sugestão de etiquetas, a localização de etiquetas (Ballan L, Bertini M et al. 2010) e o algoritmo de relevância de etiquetas (Li X, Snoek CGM, Worring M 2009) em vídeos da Internet e do YouTube utilizando imagens do Flickr que, explorando a semelhança visual de fotogramas-chave e imagens. Com base nos pressupostos de que imagens visualmente semelhantes são marcadas de forma semelhante (Zhu G, Yan S, Ma Y 2010), de que as marcas estão frequentemente correlacionadas e interagem a nível semântico, de que o espaço semântico abrangido por todas as marcas pode ser aproximado por um subconjunto mais pequeno das mesmas. As etiquetas dos utilizadores são suficientemente precisas para que se possa assumir uma condição de esparsidade de erro para a matriz de etiquetas da imagem. O problema do refinamento das etiquetas é então transformado numa decomposição da matriz de etiquetas fornecida pelo utilizador numa matriz refinada de baixo grau e numa matriz de erros esparsa, e a convergência do procedimento iterativo permitirá a otimização.

O refinamento de etiquetas é uma abordagem útil para melhorar a precisão da anotação semântica de vídeos com base em anotações sociais geradas pelo utilizador. Além disso, as recentes técnicas de recuperação de multimédia e os algoritmos de visão por computador começaram a incorporar os metadados das redes sociais para melhorar a qualidade dos sistemas de recuperação. Por conseguinte, defendemos que as características utilizadas para anotar um vídeo devem incluir a perceção humana, incluindo as características de alto nível do vídeo.

O património cultural é o orgulho de qualquer nação. As instituições de memória cultural, como os arquivos, os museus, as colecções de artes do espetáculo e as bibliotecas, são repositórios mais importantes do que nunca. As instituições de memória cultural multimédia permitem-nos compreender melhor o passado, que pode ser deixado para as gerações futuras. No entanto, estas instituições de memória enfrentam uma forte concorrência e desafios na era da Web social, uma vez que esta é uma das principais fontes de informação da sociedade para os cidadãos. Neste contexto, a investigação proposta abre uma nova arena para explorar os métodos de recuperação e arquivo de multimédia cultural utilizando anotações sociais. Estas anotações podem ser aproveitadas para a recuperação semântica de instituições de memória cultural. Assim, esta tese propõe um novo sistema de refinamento de etiquetas com base em anotações sociais geradas pelo utilizador para o multimédia cultural. Com base na anotação inicial do vídeo usando anotações sociais, o sistema de refinamento de etiquetas proposto é melhorado usando uma nova localização na consistência temporal e votação ponderada dinâmica.

1.3 Objectivos e âmbito da tese

O objetivo principal desta investigação é duplo

1. Desenvolver um novo sistema de refinamento de etiquetas e avaliar e estudar a sua usabilidade.

2. Melhorar o sistema de refinamento de etiquetas proposto com base no estudo experimental da localização inicial do vídeo, utilizando a abordagem de consistência temporal, e estudar a influência dos votos ponderados dinâmicos na melhoria do refinamento de etiquetas.

Esta investigação centra-se principalmente no desenvolvimento e aperfeiçoamento de um sistema de refinamento de etiquetas e de localização de vídeos para a recuperação semântica de vídeos com base em anotações sociais. Os sistemas de refinamento de etiquetas inicial e melhorado são avaliados através da análise quantitativa de dois conjuntos de dados de vídeo: A abordagem de refinamento de etiquetas proposta é explorada apenas para melhorar a anotação semântica de vídeos, pelo que a avaliação da atribuição de etiquetas com base em anotações sociais e a recuperação de vídeos semânticos não são consideradas nesta investigação. No entanto, a eficácia do refinamento de etiquetas proposto, utilizando anotações sociais, melhorará a precisão da recuperação de vídeos semânticos.

1.4 Contribuição da tese

As secções seguintes apresentarão a contribuição original desta investigação.

1.4.1 Refinamento e localização de etiquetas de vídeo

Um novo sistema de refinamento e localização de etiquetas de vídeo gera quadros-chave semanticamente significativos, tanto ao nível da cena como ao nível do plano, explorando os segmentos temporais através de uma ferramenta de segmentação temporal automática. Explora as anotações sociais geradas pelo utilizador para que os vídeos sejam associados a um determinado quadro-chave, utilizando a relevância das etiquetas e a semelhança visual dos quadros-chave e das imagens carregadas em sítios sociais como o Facebook, o YouTube e o Flickr, bem como em fontes Web como o Google.

1.4.2 Refinamento de etiquetas utilizando consistência temporal

A abordagem de consistência temporal calcula a continuidade temporal tanto no conteúdo visual como na semântica através da suavização temporal da função de pontuação da relevância da etiqueta relativamente a uma etiqueta. A consistência temporal explora a distância temporal máxima entre os fotogramas-chave dentro dos quais são considerados os fotogramas-chave num determinado momento. A nova pontuação de relevância de etiquetas baseada na consistência temporal mostra a forte continuidade temporal num vídeo e refina a etiqueta localmente para um quadro-chave e também remove as etiquetas irrelevantes para um determinado quadro-chave.

1.4.3 Refinamento de etiquetas utilizando votação ponderada dinâmica

Atualmente, o desempenho do sistema de recuperação de vídeo depende principalmente da disponibilidade e da qualidade das etiquetas. Propõe-se uma nova abordagem de votação ponderada dinâmica para medir a relevância entre a anotação candidata e o vídeo, avaliando a probabilidade e atribuindo pesos dinâmicos às etiquetas. Para calcular os votos ponderados dinâmicos das etiquetas para o vídeo, é avaliada a informação mútua entre as etiquetas do vídeo e as imagens em linha recuperadas de fontes Web. Para o refinamento das etiquetas do vídeo, a abordagem de votação ponderada dinâmica mede a relevância entre as imagens integrais do vídeo e as imagens semanticamente semelhantes nas redes sociais.

1.4.4 Otimização baseada na consistência do conteúdo para refinamento de etiquetas

Propõe-se uma nova otimização baseada na consistência dos conteúdos, utilizando a classificação baixa, a correlação das etiquetas e a dispersão dos erros para o refinamento das etiquetas. Também fornece etiquetas razoavelmente precisas do ponto de vista humano para a nossa abordagem de refinamento de etiquetas proposta. Uma otimização eficiente de etiquetas de vídeo baseada em vizinhança visualmente semelhante com outras imagens de redes sociais online que são consistentes em termos de conteúdo extraído de metadados demonstra a eficácia da abordagem de refinamento de etiquetas proposta.

1.5 Esboço da tese

A tese proposta está organizada da seguinte forma: No capítulo 2, é apresentado um levantamento dos trabalhos de investigação relacionados com a anotação e recuperação de vídeos e com a localização de vídeos e o refinamento de etiquetas. O capítulo 3 apresenta o sistema de localização e refinamento de etiquetas proposto, juntamente com um estudo experimental utilizando o conjunto de dados DUT-WEBV e uma avaliação quantitativa dos vídeos culturais indianos com base na consistência temporal. A parte final deste capítulo discute a forma de melhorar o sistema proposto com base na consistência do conteúdo. O Capítulo 4 melhora a nossa abordagem proposta para o refinamento de etiquetas utilizando a consistência do conteúdo e a sua avaliação experimental detalhada. O capítulo 5 apresenta a nossa otimização baseada em low-rank e error sparsity para demonstrar a eficácia da abordagem proposta de refinamento de etiquetas. Finalmente, o capítulo 6 apresenta as conclusões e o trabalho de investigação futuro.

Capítulo 2

Revisão da literatura

Neste capítulo, apresenta-se uma panorâmica do trabalho de investigação relacionado com a abordagem de etiquetagem multimédia, o refinamento das etiquetas e a recuperação multimédia. Em seguida, são reveladas algumas deficiências relativamente aos métodos discutidos e são apontados os objectivos de investigação identificados.

2.1 Abordagem de marcação multimédia

A literatura recente sobre a etiquetagem de multimédia apresenta uma vasta gama de contribuições para a investigação. As técnicas de anotação multimédia são geralmente classificadas em anotação automática e anotação colaborativa. Este capítulo analisa as abordagens automáticas e colaborativas com técnicas de aprendizagem automática relevantes e discute os objectivos destas abordagens e o seu impacto na recuperação de multimédia.

As abordagens de anotação automática determinam a semelhança de conceitos (Kennedy LS, Chang SF et al. 2006, Sigurbjornsson B, Van Zwol R, 2008, Li X, Uricchio T et al. 2015; Kirubai D, Rajkumar K 2018b) entre a imagem e as etiquetas ou rótulos. A semelhança de conceitos é obtida encontrando a semelhança visual através de características de baixo nível e características semânticas da imagem ou do vídeo utilizando as amostras de treino. Agrupam as imagens de conceitos semelhantes e propagam para novas imagens de imagens visualmente semelhantes (Kennedy LS, Chang SF et al. 2006; Sigurbjornsson B, Van Zwol R 2008; Li X, Uricchio T et al. 2015; Kirubai D, Rajkumar K 2018a). Propagação de etiquetas através da construção de grafos (Moxley E, Tao Mei, Manjunath BS 2010; Ballan L, Bertini M et al. 2015), propagação de vizinhança (Kirubai D, Rajkumar K 2018b; Yang Y Yang Y et al. 2011;

Cao X, Wei X et al. 2013) para rotular o vizinho mais próximo, passeios aleatórios (Ballan L, Bertini M et al. 2015; Yang Y Yang Y et al. 2011; Cao X, Wei X et al 2013) para encontrar a vizinhança através de particionamento hierárquico (Cao X, Wei X et al. 2013; Chen X, Mu Y et al. 2010) dividindo o gráfico. Por outro lado, as técnicas de visão por computador (Rajkumar K, George G et al. 2015), como o reconhecimento de objectos, o reconhecimento de rostos (Rajkumar K, George G et al. 2015; George G, Rajkumar K et al. 2014), a anotação multimédia baseada em características padrão (George G, Rajkumar K et al. 2014; Li H, Yi L et al. 2013) também estão a aumentar, mas dependem de amostras de formação precisas com anotação semântica.

Os rótulos ou etiquetas gerados pela anotação automática não são muito relevantes quando comparados com as etiquetas que o utilizador gera para a mesma imagem na Internet. As etiquetas sociais são melhores do que as anotações automáticas para treinar as amostras de imagens em grande escala (Ballan L, Bertini M et al. 2015; Yang Y Yang Y et al. 2011; Cao X, Wei X et al. 2013). As abordagens de anotação colaborativa (Kennedy LS, Chang SF et al. 2006; Sigurbjornsson B, Van Zwol R, 2008; Kirubai D, Rajkumar K 2018; Rajkumar K, George G et al. 2015) tiram partido destas etiquetas de utilizador para encontrar a relação semântica entre o conteúdo da imagem e as etiquetas.

As abordagens de anotação colaborativa utilizam etiquetas sociais implícitas geradas pelo utilizador para construir grafos de imagens à escala da Web (Moxley E, Tao Mei, Manjunath BS 2010; Tang J, Hong R et al. 2010; Tang J, Li H et al. 2011) que representam imagens semanticamente semelhantes, encontrando a relevância das etiquetas (Song J, Yang Y et al. 2013; Li H, Yi L et al. 2013; Liu D, Hua X et al. 2009) utilizando a semelhança semântica das etiquetas e, para melhorar a qualidade das etiquetas, abordagens como a recomendação de etiquetas (Sophia S, Rajkimar K 2017;

Ivanova K, Stancher P et al. 2011), refinamento de etiquetas (Kirubai D, Rajkumar K 2018a; Li H, Yi L, Liu B, Wang Y 2014; Wang C, Jing F et al. 2006; Pedro JS, Yeh T et al. 2012), filtragem de etiquetas (Tang J, Hong R et al. 2010; Siersderfor S, Pedro JS et al. 2013). As etiquetas sociais podem ser recolhidas explicitamente como anotações de crowdsourcing, como jogos em linha (Vondrick C, Patterson D 2012; Di Salvo R, Giordano D et al. 2013; Schlining K, Thun S et al. 2013), ferramentas pagas para anotação como MTurk (Soleymani M, Larson M 2010; Tang J, Chen Q et al. 2013), ESP (Momeni E, Cardie C et al. 2013; Motti VG, Raggett D 2013), LabelME e reCAPTCHA. A figura 2.1 mostra os modelos de anotação colaborativa para a recuperação de multimédia.

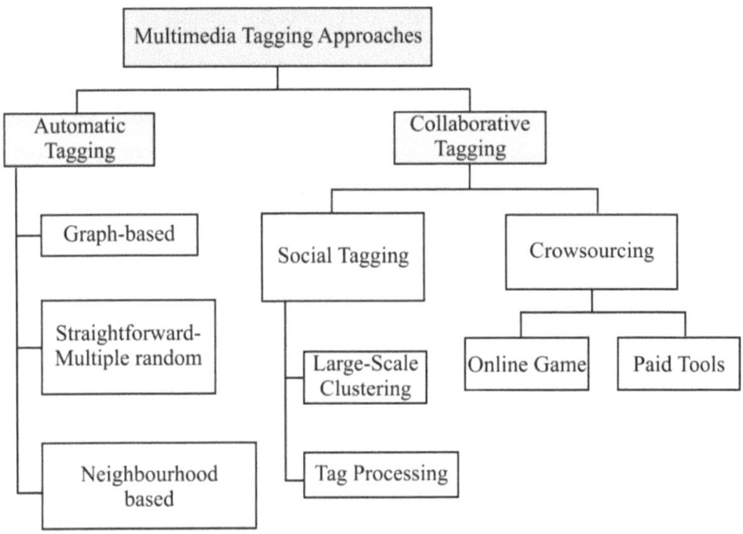

Figura 2.1. Abordagens de etiquetagem multimédia

2.1.1 Abordagens de anotação automática

A abordagem de anotação automática encontra a semelhança visual e semântica entre as amostras de treino e as imagens não rotuladas. A propagação de etiquetas é conseguida através da construção de gráficos probabilísticos

(Moxley E, Tao Mei, Manjunath BS 2010; Ballan L, Bertini M et al. 2015; Tang J, Hong et al. 2010; Tang J, Li H et al. 2011), propagação de etiquetas através dos vizinhos mais próximos (Kennedy LS, Chang SF et al. 2006; Sigurbjornsson B, Van Zwol R, 2008; Kirubai D, Rajkumar K 2018) (Rajkumar K, George G et al. 2015; George G, Rajkumar K et al. 2014), propagações baseadas em hierarquia de caminhada aleatória direta (Fan J, Shen Y et al. 2011; Xue X, Luo H et al. 2010) e geração de livro de códigos (Van Gemert J.C, Snoek CGM et al. 2010; Wu L, Yang L et al. 2009; Li X, Snoek CGM et al. 2013; Li X, Snoek CGM 2012).

A propagação de etiquetas através do grafo constrói automaticamente o grafo para imagens semanticamente semelhantes, formando a etiqueta como nó, o valor do nó é classificado, as arestas representam a semelhança semântica da etiqueta (Sigurbjornsson B, Van Zwol R, 2008; Li X, Uricchio T et al. 2015; Kirubai D, Rajkumar K 2018a; Moxley E, Tao Mei, Manjunath BS 2010). A transição probabilística foi efectuada entre dois nós semelhantes. A anotação de vídeo através da pesquisa e do reforço de gráficos (Sigurbjornsson B, Van Zwol R, 2008; Li X, Uricchio T et al. 2015; Kirubai D, Rajkumar K 2018b; Moxley E, Tao Mei, Manjunath BS 2010; Bertini M, Del Bimbo A 2006) gera um gráfico estável entre fotogramas-chave visualmente semelhantes do vídeo e a semelhança de etiquetas. Centra-se na recolha de etiquetas individuais nas etiquetas da comunidade na rede social. Jianping Fan et al. 2004) apresenta uma anotação multinível de cenas naturais utilizando as características salientes e os conceitos semânticos relevantes.

A anotação de imagens por inferência baseada em grafos com representação integrada de instâncias múltiplas/únicas (Li X, Snoek CGM et al. 2013; Tang J, Yan S et al. 2012) é um quadro unificado. Combina a representação da imagem em múltiplas instâncias e em instâncias únicas. Para obter uma anotação precisa da imagem ao nível da região, Jinhui Yuan et al (Fan J, Gao Y et al. 2004; Li X, Snoek

CGM 2012) apresenta um modelo gráfico estruturado em grelha que caracteriza as dependências espaciais.

As propagações de etiquetas baseadas em grafos consideram cada etiqueta de forma independente quando lidam com o problema da propagação de múltiplas etiquetas, as etiquetas também não estão ordenadas e a construção do grafo é morosa. Os algoritmos de anotação de etiquetas em grande escala satisfazem as necessidades do caso de uma única etiqueta, mas não são claros quando se trata de escalar para várias etiquetas. Stefan Siersdorfer et al. 2013 apresenta uma abordagem de propagação de etiquetas baseada na vizinhança para obter automaticamente uma anotação de vídeo mais rica utilizando a redundância de conteúdos (Siersderfor S, Pedro JS et al. 2013; Kuribayashi T, Asano Y 2013). Esta abordagem analisa automaticamente o conjunto de dados para encontrar os duplicados próximos e extrair informações adicionais sobre o conteúdo. As classificações das etiquetas também podem ser fornecidas em função das informações adicionais das etiquetas durante a propagação das ligações entre vídeos (Rajkumar K, Kirubai D 2018b).

A divisão-e-conquista aleatória múltipla é uma abordagem direta que consiste em dividir hierarquicamente o gráfico de vizinhança. Jianping Fan et al. (Fan J, Shen Y et al. 2011; Xiangyang Xue et al. 2006) desenvolveram um algoritmo de aprendizagem automática estruturada de margem máxima para incorporar a semelhança visual entre conceitos de imagens e múltiplos núcleos de base para diversos contextos de semelhança visual entre imagens. Para obter as relações de semelhança visual entre conceitos, são extraídas as características visuais multimodais de alta dimensão de uma imagem. Estas são divididas em vários subconjuntos de características e cada um deles representa uma propriedade específica da imagem. A mistura de kernels é utilizada para obter a semelhança visual diversificada entre os vários subconjuntos de características de uma imagem. A tarefa de aprendizagem estruturada de margem máxima (Xue X, Luo H et al. 2010; Tang J, Yan S et al. 2012) prevê e estima os classificadores inter-relacionados com maior precisão. A anotação de objectos de imagem hierárquica multimodal (Tang J, Yan S et al. 2012) é um aprendiz automático do conteúdo da imagem sem rotular especificamente os objectos individuais. Image annotation Refinement using Random Walk with Restarts (Song J, Yang Y et al. 2013; Wang C, Jing F et al. 2006) é um modelo de relevância para decidir as anotações candidatas.

A categorização de conceitos é uma abordagem automática para a indexação de vídeos em grande escala, comparando um livro de códigos compacto de base visual (Van Gemert JC, Snoek CGM et al. 2010; Wu L,Yang L et al. 2009; Li X, Snoek CGM et al. 2013; Li X, Snoek CGM 2012). O vocabulário no modelo de livro de códigos determina a qualidade da anotação e indexação de vídeo, o aumento do tamanho do vocabulário leva à clareza, mas aumenta a complexidade do modelo. Este trabalho resolve o problema incorporando uma palavra de código visual discreta para características de imagem utilizando uma abordagem de agrupamento não supervisionada. Automatic Annotation of Video sequences using Multimedia Ontology (Bertini M, Del Bimbo A 2006) anota automaticamente os clips de vídeo com conceitos de alto nível, encontrando a sua semelhança com os conceitos visuais da ontologia. A anotação automática e a recuperação semântica de videoclipes são efectuadas associando adequadamente a semelhança do videoclipe ao conceito de alto nível apresentado na ontologia para derivar e realizar consultas complexas à ontologia multimédia.

2.1. 2Abordagens de Anotação Colaborativa

As anotações sociais para os multimédia em linha fornecem uma semântica de interligação significativa do que as anotações automáticas. As abordagens de anotação automática encontram a semelhança entre imagens de treino com etiqueta e imagens em linha sem etiqueta (Rajkumar K, Kirubai D 2018b). Não encontram a semelhança entre o rótulo ou a etiqueta e o conteúdo da imagem, pelo que as etiquetas geradas automaticamente não são relevantes e não ocupam as primeiras posições na classificação das etiquetas (Pedro JS, Yeh T et al. 2012; Zhu G, Yan S et al. 2010). A anotação colaborativa utiliza as anotações sociais geradas pelo utilizador como amostra de treino inicial para promover a etiqueta para grandes grupos que são semanticamente semelhantes a outros conteúdos de imagem. Imagens visualmente semelhantes são também classificadas de perto por propagação gráfica (Sigurbjornsson B, Van Zwol R, 2008; Kirubai D, Rajkumar K 2018; Moxley E, Tao Mei, Manjunath BS 2010), Re-ranking (Pedro JS, Yeh T et al. 2012; Zhu G, Yan S et al. 2010) e pontuações de relevância (Kirubai D, Rajkumar K 2018; Moxley E, Tao Mei, Manjunath BS 2010; Chen X, Mu Y et al. 2010). As etiquetas de colaboração são geradas socialmente por diferentes utilizadores e são ruidosas, ambíguas, incompletas e irrelevantes. As abordagens de processamento de etiquetas melhoram a qualidade das etiquetas através da recomendação de etiquetas (Sophia S, Rajkumar K 2017; Li H, Yi L, Liu B, Wang Y 2014; Wu L,Yang L et al. 2009) e do refinamento de etiquetas (Sigurbjornsson B, Van Zwol R, 2008; Kirubai D, Rajkumar K 2018b; Moxley E, Tao Mei, Manjunath BS 2010; Zhu G, Yan S et al. 2010) e etc.

(Tat-Seng Chua et al. 2012) apresenta uma abordagem de propagação de rótulos múltiplos em grande escala (Kennedy LS, Chang SF et al. 2006; Li X, Uricchio T et al. 2015; Kirubai D, Rajkumar K 2018) usando a divergência de Kullback-Leibler minimizada para rótulos de imagem única. O Locality Sensitive Hashing é utilizado para a seleção de candidatos a vizinhos semelhantes para uma imagem e para acelerar o processo de escalonamento (em grande escala) através da construção do gráfico l_1 . O autor (Feng Z, Feng S et al. 2014) comprova a eficiência e a precisão testando o algoritmo no conjunto de dados NUS-WIDE, entre 269 648 imagens, uma parte de 161 789 imagens não rotuladas é indicada com um vetor de rótulos 81D para 81 conceitos distintos utilizando a propagação de vários rótulos. Este problema também pode ser resolvido diretamente como tarefa de classificação de etiquetas em vez de propagação probabilística de etiquetas.

É apresentada uma abordagem de aprendizagem semi-supervisionada baseada em grafos (Tang J, Hong R et al. 2010; Vondrick C, Patterson D 2012; Schlining K, Thun S et al. 2013) para anotar um corpus de imagens em grande escala através da propagação de etiquetas em imagens da Web com etiquetas. Utilizando as anotações em linha dos utilizadores, estas amostras de treino podem ser anotadas utilizando técnicas de aprendizagem automática para eliminar alguns erros humanos, como etiquetas incorrectas e incompletas. Trata-se de um método eficaz para anotar imagens em grande escala a partir de amostras de treino perfeitamente construídas. A estratégia de refinamento das etiquetas de treino (Kennedy LS, Chang SF et al. 2006; Zhu G, Yan S et al. 2010) foi desenvolvida anteriormente para definir o modelo semântico utilizando a construção de gráficos esparsos para etiquetas anotadas com ruído. O trabalho de (Jinhui Tang et al. 2012) melhora a eficiência das amostras de treino com anotações ruidosas incorporando Locality Sensitive Hashing. As imagens de treino são segmentadas em regiões semânticas em função das suas etiquetas e especificam diferentes grupos semânticos. A anotação de imagens com etiquetas ruidosas (Tang J, Hong R et al. 2010; Schlining K, Thun S et al. 2013; Tang J, Yan S et al. 2012), para além da estrutura de indexação semântica de vídeos, foi apresentada em (Yang Y, Zha Z et al. 2013; Huron S, Isenberg P et al. 2013), incorporando as etiquetas ruidosas dos utilizadores, para uma abordagem de indexação imagem-vídeo em vez de texto-vídeo. É utilizada uma abordagem probabilística para estimar a pontuação de relevância, indicando as probabilidades de imagens corretamente marcadas.

Não é possível etiquetar uma imagem para bi-conceitos, mas a necessidade de procurar bi-conceitos é um desafio nos sistemas de recuperação multimédia. (Li X,

Snoek CGM et al. 2013; Li X, Snoek CGM 2012; Tang J, Yan S et al. 2012) apresenta um motor de pesquisa multimédia que recolhe imagens sociais para definir bi-conceitos utilizando a coocorrência de dois conceitos visuais distintos. Recolhe exemplos de treino positivos e negativos informativos não-notificados da Web social. Cria um livro de códigos para o detetor de bi-conceitos, estimando a relevância do bi-conceito em relação a uma imagem utilizando o agrupamento k-means. O motor de pesquisa multimédia permite a pesquisa de imagens com dois conceitos, combinando artificialmente detectores individuais de um único conceito.

A etiqueta colaborativa depende do interesse do utilizador social e da sua utilização do vocabulário à sua escolha. Estas etiquetas geradas pelos utilizadores podem não descrever corretamente o conteúdo dos multimédia e, por vezes, são irrelevantes, têm anotações negativas e apresentam etiquetas ruidosas. Para refinar as anotações sociais e melhorar a qualidade do processamento de etiquetas durante a marcação, como a recomendação de etiquetas (Sophia S, Rajkumar K 2017; Li H, Yi L, Liu B Wang Y 2014) ou após a marcação, como o refinamento de etiquetas (Kirubai D, Rajkumar K 2018a; Pedro JS, Yeh T et al. 2012; Liu D, Hua X et al. 2009) e a reclassificação são as abordagens mais avançadas na anotação e recuperação de multimédia social.

A técnica de reforço de grafos é um processo de aprendizagem indutiva (Moxley E, Tao Mei, Manjunath BS 2010; Ballan L, Bertini M et al. 2015; Yang Y, Yang Y et al. 2011) que cria uma previsão forte para um conjunto de anotações fracas de cada vídeo semelhante. O gráfico é criado através de vizinhos próximos correlativos para extrair uma melhor anotação ou para criar uma nova anotação de um dos seus documentos semelhantes. Elaheh Momeni et al (2013) criaram um suporte automatizado para aumentar a qualidade das anotações descritivas através de etiquetas. A anotação descritiva consiste em complementar características baseadas em texto e linguística, semântica e tópica, autor e características sociais. Os classificadores são utilizados para classificar a utilidade como classe positiva e a não utilidade como classe negativa. Melhoram a qualidade e a eficiência das etiquetas sociais geradas pelo utilizador.

A sabedoria do multimédia social (Yang Y, Zha Z et al. 2013; Huron S, Isenberg P et al. 2013) é aproveitada para prever e fazer previsões através do voto implícito numa imagem ou vídeo sempre que este é visto. Jose San Pedro et al. 2012; Jin X, Gallagher A et al. 2010) aproveita os comentários dos utilizadores para a reclassificação da pesquisa de imagens com consciência estética, enquanto (Taku Kuribayashi et al. 2013) classifica a música clássica utilizando descrições de conteúdo. Um esquema de classificação baseado na relevância para a pesquisa de imagens sociais (Chen X, Mu Y et al. 2010; Liu D, Hua X et al. 2009) para classificar automaticamente a imagem de acordo com a sua relevância para a etiqueta de consulta. Cees G. M. Snoek et al. 2013) desenvolve um classificador de aprendizagem para a categorização de conceitos visuais utilizando negativos relevantes.

2.1.3 Jogos e Crowdsourcing

A marcação colaborativa reúne explicitamente anotações de utilizadores através de jogos em linha como LabelMe, ESP, reCAPTCHA e ferramentas pagas de anotação de utilizadores em linha como MechanicalTurk. Nesta secção, este estudo aborda em pormenor as várias abordagens de crowdsourcing.

A estrutura de marcação interactiva de imagens é uma marcação de imagens baseada em hashing que permite o agrupamento rápido de regiões de imagens e a etiqueta dinâmica de agrupamento multi-escala para um grande grupo de marcações de regiões semelhantes (Rajkumar K, George G et al. 2015; Kavasidis I, Palazzo S et al. 2013). Este trabalho segmenta as imagens em várias regiões e permite que o utilizador as anote, sendo aplicado um agrupamento dinâmico multi-escala utilizando hashing sensível à localidade para agrupar estas etiquetas manuais.

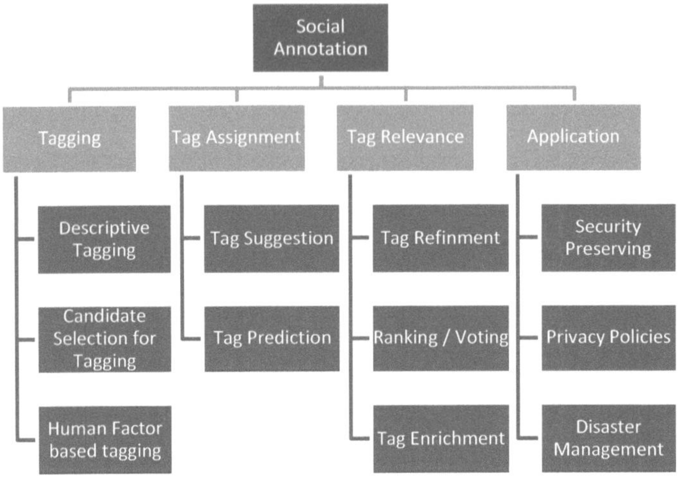

Figura 2.2 Métodos de marcação com base na anotação social em linha, abordagens de processamento de marcações e suas aplicações

Robert Di Salvo et al. (2013) apresentam uma plataforma colaborativa baseada na Web para melhorar a etiqueta a partir da anotação da verdade fundamental do vídeo (Kavasidis I, Palazzo S et al. 2013; Kim J, Nguyen P et al. 2014). Apresenta uma plataforma com janelas de anotação em que os vídeos são explorados com a sua anotação de verdade fundamental, em que o utilizador selecciona a melhor anotação existente ou gera uma nova anotação para o vídeo. A anotação existente pode ser melhorada através da marcação do objeto, uma vez que este já está anotado utilizando o algoritmo de seguimento de objectos em visão computacional. Esta abordagem melhora a clareza da rotulagem e aumenta a precisão quando comparada com a anotação de verdade existente, mas não consegue ligar os vídeos com anotações semelhantes. Estas abordagens de crowdsourcing estão fora do âmbito da presente investigação.

2.2 Refinamento de etiquetas e recuperação de multimédia

Os utilizadores das redes sociais criam etiquetas sem qualquer intenção de as recuperar e não estão conscientes de que essas etiquetas influenciam a indexação e a recuperação. A Figura 2.2 mostra os métodos de anotação social e as suas aplicações. Na verdade, não satisfazem as normas mínimas de qualidade relacionadas com a associação de conteúdos e a indexação, em especial no que se refere à descrição exacta de aspectos objectivos do conteúdo visual, de acordo com a opinião de um perito, para qualquer recuperação (Yang Y, Zha Z et al. 2013). As etiquetas sociais tendem sempre a seguir o contexto, as tendências e os acontecimentos no mundo real. Descrevem a entidade e a situação e representam o conteúdo visual da imagem ou do quadro-chave do vídeo (Li X, Uriccho T et. al, 2016). Assim, os desvios nas etiquetas devido à correlação espacial e temporal com factores externos, incluindo a influência do utilizador, a semântica da atividade e as relações entre etiquetas, são fenómenos comuns (Li X, Uriccho T et. al, 2016). As etiquetas sociais geradas pelos utilizadores em linha tendem a ser imprecisas, ambíguas, incompletas e tendenciosas em relação a perspectivas pessoais (Li X, Uriccho T et. al, 2016; Golder S, Huberman B 2006; Kennedy LS, Chang SF et al. 2006; Sen S, Lam S et al. 2006; Sigurbjornsson B, Van Zwol R 2008). Alguns investigadores propuseram soluções para a anotação e recuperação de imagens em quadros sociais, embora as peculiaridades deste domínio tenham sido apenas parcialmente abordadas. Trata-se de tarefas importantes e relacionadas que devem ser abordadas durante a anotação e a recuperação de multimédia (Li X, Uriccho T et. al, 2016).

- **Atribuição de etiquetas**. Na atribuição de etiquetas, dada uma imagem não etiquetada, tenta-se atribuir um número de etiquetas relevantes para o conteúdo da imagem (Li X, Uriccho T et. al, 2016; Guillaumin M, Mensink T et al. 2009; Tang J, Hong R et al. 2011; Verbeek J,Guillaumin M et al. 2010)

- **Refinamento de etiquetas**. A maioria das imagens está associada a algumas etiquetas iniciais, que são irrelevantes e precisam de ser refinadas. O refinamento consiste em remover as etiquetas irrelevantes da lista de etiquetas inicial e enriquecê-la com etiquetas novas, mas relevantes (Li X, Uriccho T et. al, 2016; Feng Z, Feng S et al. 2014; Lin Z, Ding G et al. 2013; Lin D, Hua XS, et al. 2010; Wu L, Hua XS et al. 2010; Znaidia A, Leborgne H et la 2013).

- **Recuperação de etiquetas**. Dada uma etiqueta e uma coleção de imagens marcadas com a etiqueta (e possivelmente outras etiquetas), o objetivo da recuperação de etiquetas é recuperar imagens relevantes em relação à etiqueta de interesse (Li X, Uriccho T et. al, 2016; Duan L, Li W, et al. 2011; Gao Y, Wang M 2013; Sun A, Bhowmick S et al. 2011; Wu L, Jin R et al. 2013).

Foram também estudadas outras tarefas relacionadas, como a filtragem de etiquetas (Liu D, Yan s et al. 2011; Zhung G, Yan S et al. 2010; Zhu S, Ngo CW et al. 2012; 125,228,229) e a sugestão de etiquetas (Sigurbjornsson B, Van Zwol R 2008; Wu L, Yang L 2009) (Li X, Uriccho T et. al, 2016). Como estas tarefas se centram na limpeza das etiquetas existentes ou na sua expansão, são variantes do refinamento de etiquetas (Li X, Uriccho T et. al, 2016).

Atualmente, os trabalhos sobre a atribuição, o refinamento e a recuperação de etiquetas variam em termos das suas tarefas e metodologias específicas, o que torna difícil a sua interpretação num quadro unificado de processamento de etiquetas (Li X, Uriccho T et. al, 2016). No entanto, consideramos que todos os trabalhos se baseiam na funcionalidade-chave da relevância das etiquetas, ou seja, estimar a relevância de uma etiqueta específica em relação ao conteúdo visual de uma determinada imagem e ao seu contexto social. Em termos gerais, a relevância deve ser avaliada tendo em conta a complementaridade das etiquetas. Estas podem ter pouco interesse isoladamente, mas tornam-se interessantes quando combinadas com outras. No entanto, na literatura, apenas alguns métodos consideram a avaliação da relevância de várias etiquetas e apenas para a tarefa de recuperação de várias etiquetas (Li X, Uriccho T et. al, 2016; Borth D, Ji R et al. 2013; Li X, Snoek CGM et al. 2012; Nie L, Yan S et al. 2012; 19,116,150). Recentemente, surgiram vários trabalhos que consideram imagens marcadas socialmente. Em Liu D, Hua XS et al. (2011), as realizações técnicas no processamento de etiquetas com base no conteúdo para imagens sociais são brevemente analisadas (Sawant et al. 2011; Wang et al. 2012) e Mei et al. (2014) apresentam análises alargadas de aspectos específicos, ou seja, anotação colaborativa de meios de comunicação, etiquetagem assistida e reclassificação da pesquisa visual, respetivamente. Em Swant N, Li J et al. (2011), são analisados trabalhos que propõem jogos colaborativos de etiquetagem e marcação de imagens em redes de redes sociais. Em Wang M, Ni B et al. (2012), os autores analisam trabalhos em que os computadores ajudam os seres humanos na etiquetagem, organizando os dados para etiquetagem manual, melhorando a qualidade das etiquetas fornecidas pelos seres humanos ou recomendando etiquetas para seleção manual, em vez de aplicarem uma etiquetagem puramente automática.

Em (Li X, Uriccho T et. al, 2016; Mei T, Rui Y et al. 2014), os autores analisam técnicas que visam melhorar os resultados iniciais da pesquisa, normalmente devolvidos por um motor de pesquisa visual baseado em texto, através da reclassificação da pesquisa visual. Estes trabalhos de investigação oferecem resumos das abordagens e perspectivas interessantes sobre aspectos específicos do domínio, sem fornecer uma comparação experimental entre os vários métodos de relevância das etiquetas. É de notar que os esforços em avaliações empíricas da anotação e recuperação de redes sociais (Li X, Uriccho T et. al, 2016; Ballan L, Bertini M et al. 2014; Sun A, Bhowmick S et al. 2011; Uricchio T, Ballan L et al. 2013). Em (Li X, Uriccho T et. al, 2016; Sun A, Bhowmick S et al. 2011), os autores analisam diferentes dimensões para calcular a pontuação de relevância entre uma imagem etiquetada e uma etiqueta. Avaliam combinações variadas destas dimensões para a recuperação de imagens com base em etiquetas no NUS-WIDE, um conjunto de referência líder para a recuperação de imagens sociais (Li X, Uriccho T et. al, 2016; Chua TS, Tang J et al. 2009).

No entanto, a sua avaliação centra-se apenas na classificação baseada em etiquetas, sem comparar o conteúdo da imagem e do vídeo. Além disso, a atribuição e o refinamento de etiquetas não são abrangidos. Em (Ballan L, Bertini M et al. 2014; Uricchio T, Ballan L et al. 2013), os autores compararam três algoritmos para o refinamento de etiquetas no NUS-WIDE e no MIRFlickr, um conjunto de referência popular para a atribuição e refinamento de etiquetas (Huiskes MJ, Thomee B et al. 2010; Li X, Uriccho T et. al, 2016). No entanto, estes trabalhos carecem de comparação entre diferentes métodos sob um protocolo experimental comum. Além disso, não avaliam a ligação de alto nível entre a atribuição de etiquetas de imagem, o refinamento e a recuperação.

Nesta tese, exploramos a qualidade dos contextos gerados pelo utilizador para explorar a semântica de alto nível e interligar o significado contextual com a multimédia online. As nossas abordagens abordam o refinamento de etiquetas em vídeos sociais e a aprendizagem da interligação entre as etiquetas e os quadros-chave através da localização das etiquetas. Estas anotações para a multimédia gerada em linha, ao serem refinadas através de uma semântica adequada, acabarão por aumentar a precisão da recuperação de multimédia. A nossa abordagem também apresenta uma abordagem improvisada de refinamento de etiquetas para identificar a região dentro do quadro-chave do vídeo a ser anotado, de modo a melhorar a relevância semântica entre as etiquetas e o vídeo. Mais importante ainda, os conteúdos gerados pelo utilizador têm sempre uma razão, se não corresponderem à caraterística visual, essa etiqueta pode estar relacionada com o conteúdo. Também é apresentada uma abordagem de otimização para estudar a ligação entre as etiquetas de baixa classificação e o conteúdo visual do vídeo. Eventualmente, os conhecimentos adquiridos com este estudo melhorarão a precisão em termos de anotação de vídeo e recuperação de multimédia.

Capítulo 3

Refinamento e localização de etiquetas com base na consistência temporal

3.1 Introdução

Este capítulo apresenta nossa abordagem proposta para refinamento e localização de tags com base na consistência temporal. O refinamento e a localização de tags exploram as anotações sociais geradas pelo utilizador para que os vídeos sejam explorados num determinado keyframe através da relevância das tags e da consistência visual utilizando a funcionalidade SURF (Rajkumar, Kirubai 2018a). Conforme discutido no capítulo 2, as abordagens de refinamento de tags existentes consideraram a tarefa de atribuir tags a vídeos inteiros. No entanto, o refinamento de etiquetas para vídeos deve associar etiquetas a fotogramas-chave ou planos relevantes individuais.

Nos últimos anos, a maioria dos trabalhos sobre vídeos na Internet abordou problemas como a deteção de quase duplicados (Paisitkriangkrai S, Mei T et al. 2010), a formação de detectores de conceitos (Ulges A, Schulze C et al. 2010) ou a deteção de tópicos (Shao J, Yin W et al. 2010; Ulges A, Schulze C et al. (2010) explora vídeos do YouTube para treinar detectores de conceitos sem utilizar qualquer anotação manual para a criação de dados de verdade fundamental: a utilização de etiquetas de vídeo como léxico permite aumentar o número de conceitos detectados, em detrimento do desempenho da deteção, embora o treino de detectores com material de verdade fundamental preparado por peritos em conjunto com vídeos sociais melhore o seu desempenho.

Os autores de um conjunto de dados comummente utilizado, o NUS-WIDE 240K (Chua, T. S., Tang, J., Hong, R et al. 2009), fornecem descritores pré-computados compostos por momentos de cor, textura wavelet e histogramas de arestas; estes descritores são utilizados nesta investigação que utiliza este conjunto de dados, como (Zhu G, Yan S et al. 2010). Da mesma forma, os descritores utilizados em (Li X, Snoek CGM et al. 2009) e em (Li Z, Liu Jet al. 2010b) combinam correlograma de cor, momentos de cor e descritores de textura, enquanto os descritores utilizados em (Liu D, Hua XS et al. 2009) e (Makadia A, Pavlovic V et al. 2008) combinam momentos de cor e texturas wavelet, ou histogramas de cor e texturas wavelet, respetivamente. Alguns trabalhos acrescentam características locais aos descritores globais. Em (Guillaumin M, Mensink M et al. 2009), o GIST e os histogramas de cor foram combinados com SIFT e características de cor locais. Características globais como o histograma de bordos MPEG-7 e descritores de cor locais (ou seja, SIFT de cor) foram também pré-computados para o MIRFlickr-25K (Huiskes MJ, Thomee B et al. 2010).

A maioria das abordagens supramencionadas baseia-se em características visuais que têm a vantagem de serem compactas e exigirem baixos custos computacionais. Uma limitação da maioria destas abordagens é que não incorporam anotações geradas pelo utilizador, que estão disponíveis em grande parte nas redes sociais e anotam o conteúdo com mais precisão do que a caraterística visual. Em contrapartida, o sistema proposto incorpora as anotações geradas pelo utilizador sob a forma de etiquetas, comentários para os vídeos em linha, juntamente com as características visuais (descritores globais e locais) para os quadros-chave específicos do vídeo. O sistema de refinamento de etiquetas proposto correlaciona as etiquetas dos vídeos com o seu conteúdo, o que melhora internamente a precisão da recuperação.

As redes sociais são enriquecidas com um contexto rico, como etiquetas fornecidas pelo utilizador, comentários, geo-localização, hora, metadados do dispositivo, etc. Os vídeos partilhados em linha incorporam todas estas características semânticas. O desempenho dos sistemas de recuperação de imagens e vídeos sociais depende estritamente da disponibilidade e da qualidade das etiquetas. Para melhorar a qualidade das etiquetas através da anotação automática de imagens e vídeos, o foco é o processamento de etiquetas com base no conteúdo: a sugestão e a localização de etiquetas é a associação de etiquetas de vídeos a imagens específicas, a relevância das etiquetas é a estimativa da relevância de uma etiqueta específica em relação ao conteúdo visual de uma determinada imagem (Li X, Uriccho T et. al, 2016). Graças aos recentes avanços no domínio da visão computacional, os sistemas de recuperação multimédia abrem caminho a uma abordagem baseada em dados e a técnicas de modelização estatística para resolver os problemas sempre difíceis da anotação de vídeos e do refinamento de etiquetas específicas para as redes sociais, o que conduz a métodos de recuperação mais rápidos, precisos e eficientes.

Como mostra a Figura 3.1, as etiquetas associadas a um vídeo exploram o contexto do quadro-chave dentro do vídeo. O refinamento das etiquetas consiste em associar as etiquetas de vídeo a fotogramas-chave específicos, em que cada fotograma-chave é uma imagem anotada com todas as etiquetas associadas ao vídeo (Ballan L et al. 2015). A localização das etiquetas de vídeo tem em conta a relação semântica das etiquetas co-ocorrentes e a suavidade temporal nas imagens e nos vídeos. O refinamento das etiquetas de vídeo e a localização temporal com base em sistemas de conhecimento social exploram as etiquetas associadas a vídeos e imagens gerados pelos utilizadores e carregados em sítios sociais (como o YouTube e o Flickr) e a sua semelhança visual, para refinar as etiquetas que estão associadas a um determinado quadro-chave do vídeo.

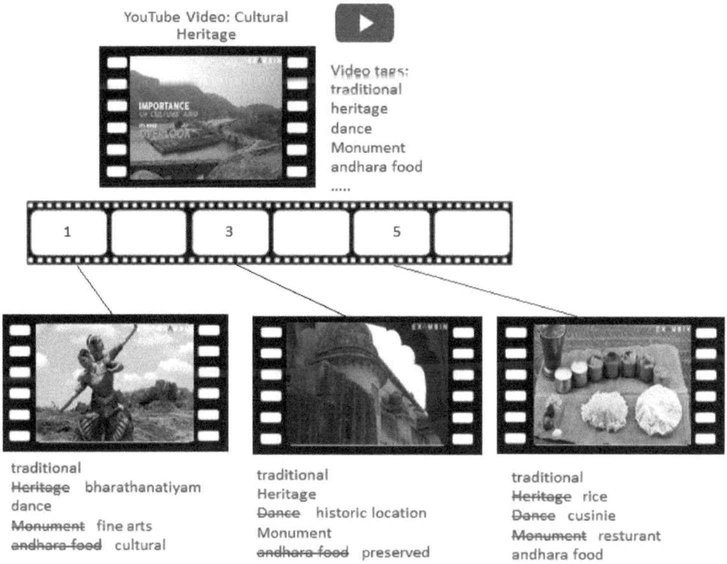

Figura 3.1. Exemplo de localização de vídeo: em cima) vídeo do YouTube com as suas etiquetas; em baixo) localização de etiquetas em diferentes fotogramas-chave.

Tanto quanto é do nosso conhecimento, esta investigação propõe uma nova metodologia de refinamento e localização de etiquetas utilizando a consistência temporal para vídeos culturais. O objetivo da metodologia de refinamento de etiquetas proposta é determinado pela disponibilidade da qualidade das etiquetas geradas pelos utilizadores nas redes sociais. Ao contrário da maioria das abordagens de refinamento de etiquetas que anotam e refinam as etiquetas de vídeo com deteção de conceitos, etiquetas para regiões, pessoas ou locais, a abordagem de refinamento proposta associa as etiquetas e a consistência visual.

A metodologia de refinamento proposta calcula as características visuais do keyframe nos vídeos e extrai as características semânticas geradas pelas redes sociais para anotar e refinar a etiqueta do keyframe com imagens visualmente semelhantes. A novidade da abordagem proposta, em comparação com outras abordagens de refinamento e localização de etiquetas, é que a abordagem proposta suporta a seleção de etiquetas para keyframes com base em características online geradas pelo utilizador para anotar o vídeo a nível global que exibem uma forte consistência temporal e continuidade temporal ao longo do vídeo. O refinamento e a localização de etiquetas propostos são efectuados através da extração das características visuais dos fotogramas-chave dos vídeos para calcular a consistência visual com outras imagens em linha para efeitos de semelhança visual e, com base no valor da pontuação das etiquetas entre fotogramas-chave para cada etiqueta, a consistência temporal é calculada para refinar as etiquetas que são mais relevantes para o fotograma-chave e para o vídeo a nível global. Além disso, o sistema proposto gera uma forte consistência temporal entre as etiquetas e os fotogramas-chave que refina automaticamente a prontidão das etiquetas, o que melhora a precisão da recuperação em linha.

Tabela 3.1 Notações utilizadas para a metodologia de refinamento e localização de etiquetas

Variáve l	***Significado***
V	*Coleção de vídeos e metadados (títulos, etiquetas, descrições, etc.)*
D	*Dicionário de etiquetas a utilizar para anotação*
v, kf	*Vídeo de D e um quadro-chave dentro de* v
T_v, T_v'	*Conjunto de etiquetas associadas ao vídeo* v*, antes e depois do refinamento das etiquetas e do processo de localização*
I	*Conjunto de imagens descarregadas do Facebook, Google, Bing e Flickr*
I_t	*Conjunto de imagens de I anotadas com a etiqueta* t
M_i, T_i	*Uma imagem de I e as suas etiquetas*
T_{kf}	*Conjunto de etiquetas associadas ao quadro-chave* kf
T_s	*Conjunto de S imagens vizinhas para um determinado quadro-chave* kf
H_{kf}	*Quadro-chave integral*

$kf^{(tim)}$	*Um fotograma-chave de cada vez*

Na secção seguinte, apresenta-se uma visão geral mais detalhada do sistema de localização e refinamento de etiquetas proposto. A secção 3.3 apresenta a metodologia proposta para o refinamento e a localização de etiquetas. O estudo experimental detalhado relativo à análise da pontuação das etiquetas da abordagem proposta de refinamento e localização de etiquetas e as melhorias alcançadas no desempenho do sistema proposto são apresentados na secção 3.4. Finalmente, o resumo deste capítulo e as discussões sobre os resultados do estudo experimental são apresentados na secção 3.5. A secção 3.5 também discute a forma como o sistema de localização e refinamento de etiquetas proposto pode ser melhorado através de características espaciais utilizando votos ponderados dinâmicos.

3.2 Visão geral do refinamento e da localização de etiquetas

O refinamento e localização de etiquetas proposto consiste em três módulos: pré-processamento, localização de etiquetas e refinamento de etiquetas. O sistema proposto pode gerar etiquetas refinadas para um determinado vídeo e as etiquetas são localizadas nos seus fotogramas-chave relevantes. A arquitetura do sistema

proposto de refinamento e localização de etiquetas é apresentada na Figura 3.2. O módulo de pré-processamento extrai os fragmentos de vídeo temporais do vídeo dado e recupera imagens semelhantes do Google e do Flickr. O módulo de localização de etiquetas calcula a pontuação de relevância das etiquetas para fotogramas-chave visualmente semelhantes e imagens recuperadas com as etiquetas e estima a distância temporal entre os fotogramas-chave e as imagens anotadas das redes sociais. Neste módulo, as etiquetas são localizadas com fotogramas-chave visualmente semelhantes com a pontuação da etiqueta para cada etiqueta relativamente aos seus fotogramas-chave. Estas etiquetas são refinadas com imagens anotadas socialmente, seleccionando a pontuação máxima na medida de relevância da etiqueta.

O sistema proposto utiliza ferramentas e metodologias existentes para o pré-processamento. Como mostra a Figura 3.2, o módulo de pré-processamento segmenta automaticamente os fotogramas temporais e recupera semi-automaticamente imagens semelhantes do Google e do Flickr com as suas anotações geradas pelo utilizador e envia essas imagens e anotações como metadados para a base de dados, que é posteriormente utilizada para a localização e o refinamento das etiquetas. Em primeiro lugar, um vídeo é automaticamente segmentado num conjunto de planos e quadros-chave temporais (fragmentos), em que as características visuais e semânticas de alto nível são anotadas semi-automaticamente para cada quadro-chave. As etiquetas sociais geradas pelo utilizador são consideradas como características semânticas de alto nível de um vídeo. As características visuais de alto nível, especialmente as características semânticas, são escolhidas manualmente pelos peritos, tendo em conta a frequência da ocorrência das etiquetas nas imagens da vizinhança visual, utilizando uma medida de semelhança visual. A anotação de características de alto nível é considerada semi-automática, uma vez que inclui uma combinação de estratégias de anotação manual e automática. As características visuais, como os conceitos semânticos e as categorias semânticas culturais, são anotadas automaticamente e algumas das semânticas culturais são anotadas manualmente. Por fim, as etiquetas semânticas dos fotogramas-chave são anotadas automaticamente como legendas de um vídeo.

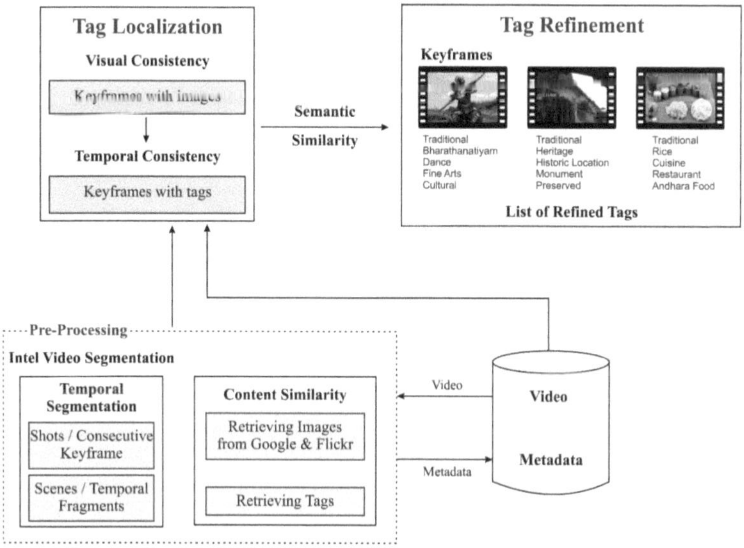

Figura 3.2. Arquitetura do sistema de localização e refinamento de etiquetas proposto

A maioria das abordagens referidas nesta secção 3.1 baseia-se em características globais que têm a vantagem de serem compactas e de exigirem baixos custos computacionais. Os autores de um conjunto de dados comummente utilizado, o NUS-WIDE 240K (Ref. conjunto de dados NUS-WIDE), fornecem descritores pré-computados compostos por momentos de cor, textura wavelet e histogramas de bordos; estes descritores são utilizados em trabalhos que utilizam este conjunto de dados, como (43). Da mesma forma, os descritores utilizados em (Li X, Snoek CGM et al. 2009) e em (Li Z, Liu J et al. 2010b) combinam correlograma de cor, momentos de cor e descritores de textura, enquanto os descritores utilizados em (Liu D, Hua XS et al. 2009) e (Makadia A, Pavlovic V et al. 2008) combinam momentos de cor e texturas wavelet, ou histogramas de cor e texturas wavelet, respetivamente. Tsai et al. (Tsai D,Jing Y et al. 2011) adicionou LBP a histogramas de cor e wavelets.

Alguns trabalhos adicionam características locais aos descritores globais, como (Guillaumin M, Mensink T et al. 2009) GIST e histogramas de cor foram combinados com SIFT e características de cor locais. Características globais como o histograma de bordas MPEG-7 e descritores de cor locais (ou seja, SIFT de cor) foram pré-computados também para o MIRFlickr-25K (Huiskes MJ, Thomee B et al. 2010). Apenas foram utilizadas características locais em (Liu D, Yan S et al. 2011b), com descritores SIFT e BoW.

À semelhança das abordagens relativas às imagens, as abordagens relativas aos vídeos têm utilizado características globais como a cor e a textura - ou seja, o correlograma de cor (calculado no espaço de cor HSV) e os momentos de cor, as características Tamura (Ballan L, Bertini M et al. 2010) ou o descritor de histograma de bordos MPEG-7 (Ballan L, Bertini M et al. 2011). Os descritores de cor e textura MPEG-7 foram utilizados em (Min HS, Choi J et al. 2009): TOP-SIFT em (Ballan L, Bertini M et al. 2011) e SIFT com BoW em (Li H, Yi L et al. 2013) e (Chu WT, Li CJ 2011). citeulges10 combina diferentes pipelines de extração de características utilizando SIFT e BoW, histogramas de cor e texturas e histogramas de movimento.

A abordagem proposta de refinamento e localização de etiquetas utiliza descritores visuais simples para os conjuntos de dados NUS-WIDE 240K (Chua T.S, Tang J., Hong R, et. al, 2009) e DUT-WEBV (Li, H., Yi, L et al. 2013). As imagens visualmente semelhantes podem ser calculadas através da extração de descritores visuais globais simples. Partiu-se das características fornecidas pelos autores do conjunto de dados NUS-WIDE e, tal como em (Zhu G, Yan S et al. 2010), extraiu-se para cada imagem um único descritor de 428 dimensões. Este vetor de características foi obtido como a fusão antecipada de uma caraterística de momento de cor de 225 d em blocos, gerada a partir de uma partição fixa de 5 por 5 na imagem, uma caraterística de textura wavelet de 128 d e uma caraterística de histograma de distribuição de bordos de 75 d. Estas características foram calculadas para os conjuntos de dados NUS-WIDE-240K e DUT-WEBV, a fim de comparar os resultados.

Para calcular a semelhança visual entre os fotogramas-chave kfe as imagens do Flickr, o sistema proposto utiliza um vetor de características de 370 dimensões que inclui características locais e globais. Este vetor de características é composto por um correlograma de cores de 50 dimensões calculado no espaço de cores HSV, um vetor de 80 dimensões para o descritor de histograma de bordos MPEG-7 e um vetor de 240 dimensões para o descritor TOP-SIFT (Thomee B, Bakker Em et al. 2010). Trata-se de um descritor de imagem compacto que combina pontos de interesse com palavras visuais, concebido para a recuperação rápida de imagens com base no conteúdo.

As imagens em linha são recuperadas e agrupadas utilizando k-means, para utilizar os centros de agrupamento como índices para uma pesquisa rápida e aproximada do vizinho mais próximo. Para cada fotograma-chave do vídeo, o centro de agrupamento mais próximo baseado na semelhança visual é recuperado *por knn* vizinhos mais próximos. As imagens pertencentes a este agrupamento são consideradas como vizinhas do fotograma-chave específico do vídeo. A equação 3.5, $\mathrm{tag}_{\mathrm{score}}(\mathrm{t}, \mathrm{kf})$ calcula a pontuação de cada etiqueta no vídeo para cada fotograma-chave. O refinamento e a localização utilizando knn vizinhos mais próximos é detalhado nas secções seguintes.

3.2.1 Refinamento e localização de etiquetas utilizando os vizinhos mais próximos

Esta secção descreve o modo como a pontuação de relevância das etiquetas é calculada observando os vizinhos mais próximos para refinar e localizar as etiquetas de um vídeo. A maioria dos trabalhos recentes sobre vídeos na Internet abordou problemas como a deteção de quase duplicados (Paisitkriangkrai S, Mei T et al. 2010), a formação de detectores de conceitos (Ulges A, Schulze C et al. 2010) ou a deteção de tópicos (Shao J, Yin W et al. 2010). Ulges et al. 2010) exploram os vídeos do YouTube para treinar detectores de conceitos sem utilizar qualquer anotação manual para a criação de dados de verdade fundamental: a utilização de etiquetas de vídeo como léxico permite aumentar o número de conceitos detectados, em detrimento do desempenho da deteção, embora o treino de detectores com material de verdade fundamental preparado por peritos em conjunto com vídeos sociais melhore o seu desempenho.

Atualmente, apenas alguns trabalhos consideraram o problema da sugestão e localização de etiquetas em vídeos da Internet, ou seja, a associação de etiquetas de vídeo a planos específicos: este problema pode ser reformulado como refinamento de etiquetas aplicado a fotogramas-chave, em que cada fotograma-chave é uma imagem anotada com todas as etiquetas associadas ao vídeo. (Ballan et al. 2010) anotam automaticamente planos de vídeos do YouTube usando imagens do Flickr, com uma variação do algoritmo de relevância de etiquetas de (Li X, Snoek CGM et al. 2009) que, explorando a semelhança visual de quadros-chave e imagens, também pode adicionar novas etiquetas que não estavam originalmente disponíveis nos vídeos. A localização de etiquetas de vídeo é abordada por Li et al. em 2011; uma abordagem de aprendizagem de múltiplas instâncias que considera a relação semântica de etiquetas co-ocorrentes e a suavidade temporal são utilizadas para modelar planos e vídeos.

Min HS,Choi J et al. (2009) anotam imagens de vídeo com 34 detectores de conceitos, utilizando os seus resultados para construir uma representação semântica para cada imagem. Os mesmos detectores são aplicados a imagens do Flickr e a semelhança semântica com os fotogramas-chave do vídeo é utilizada para sugerir etiquetas seleccionadas entre as das imagens. (Chu et al. 2011) utilizaram imagens do Flickr e as etiquetas associadas para a localização de etiquetas, modelando a relação entre os fotogramas-chave de um vídeo e as etiquetas candidatas como um gráfico bipartido em que dois conjuntos de nós disjuntos (fotogramas-chave e etiquetas), e cada aresta entre nós está associada a um peso calculado com base na semelhança entre um par de fotogramas-chave e etiquetas, e comportamentos de etiquetagem; a melhor correspondência é utilizada para determinar as etiquetas mais adequadas a associar aos fotogramas-chave. Em (Li H, Yi L et al. 2013), Li et al. apresentaram recentemente um conjunto de dados de 1550 vídeos do YouTube com uma anotação e localização de 31 conceitos, e os resultados da localização de etiquetas efectuada utilizando um método de base baseado na aprendizagem de múltiplas instâncias, com base na abordagem MIL-BPNET proposta em (Zhang ML, Zhou ZH et al. 2004).

A ideia básica subjacente ao método do vizinho mais próximo é encontrar as imagens visualmente semelhantes e selecionar um conjunto de etiquetas associadas relevantes com base na consistência do conteúdo, utilizando um procedimento de transferência de etiquetas. Este tipo de métodos tem sido normalmente aplicado a diferentes tarefas, como a auto-anotação de imagens e a classificação/relevância de etiquetas. Considerando uma imagem de teste e um conjunto de imagens visualmente semelhantes, ordenadas de acordo com a sua distância crescente (em que a primeira imagem é a mais próxima e a última a mais distante), os métodos seleccionados como base são

1. Transferência simples de etiquetas: Makadia et al. (Makadia A, Pavlovic V et al. 2008): Considerando *Nk(I,K)*, o procedimento de transferência de rótulos.
2. A medida de relevância de uma etiqueta t para uma imagem I, considerando o seu conjunto de vizinhos K, é a seguinte: *tagRelevance (t, I,K) := nt (Nk(I,K)) - Prior(t,K) (2)*

onde nt é um operador que conta as ocorrências de t na vizinhança Nk(I,K) de K imagens semelhantes, e Prior(t,K) é a frequência de ocorrência de t em toda a coleção, como se mostra na Tabela 3.2 e na Figura 3.3. Para reduzir o enviesamento do utilizador, as etiquetas por imagem de diferentes utilizadores são consideradas através do cálculo das vizinhanças visuais. O método foi originalmente testado para a recuperação de imagens num conjunto de dados proprietário do Flickr com 20 000 imagens verificadas manualmente e para a auto-anotação de imagens utilizando um subconjunto de 331 imagens. A secção seguinte descreve a metodologia do sistema de localização e refinamento de etiquetas proposto.

Tabela 3.2 Precisão para a abordagem de refinamento de etiquetas proposta com k a variar
de 50 a 200

Precisão						
k	eventos	objeto	Actividades	cenas	sítios	Média
50	0.594	0.529	0.608	0.709	0.506	0.5892
100	0.599	0.544	0.601	0.71	0.525	0.5958
150	0.579	0.536	0.612	0.706	0.534	0.5934
200	0.592	0.549	0.628	0.697	0.538	0.6008

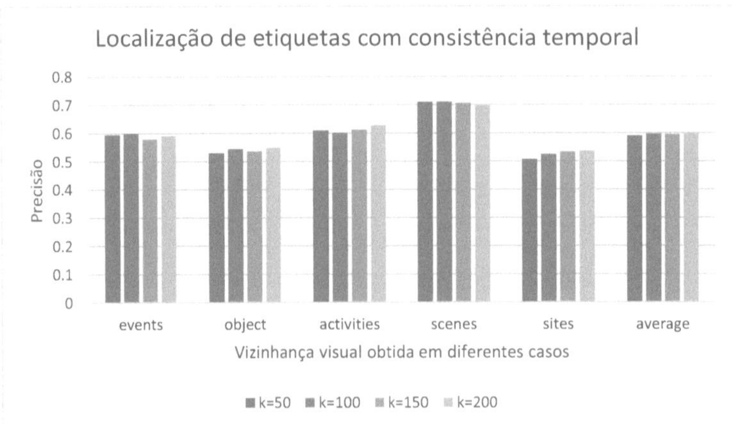

Figura 3.3. Precisão para a abordagem de refinamento de etiquetas proposta com k a variar
de 50 a 200

3.3 Metodologia de refinamento e localização de etiquetas

A arquitetura do nosso sistema é ilustrada esquematicamente na Figura 3.2 e a nossa notação é definida na Tabela 3.1. Consideremos um corpus V composto por vídeos e metadados (por exemplo: títulos, descrições, etiquetas). Defina D como um dicionário de etiquetas a utilizar para anotação. Cada vídeo $v_i \in V$, com $T_v \subseteq D$, pode ser decomposto em diferentes quadros-chave. O refinamento e a localização das etiquetas de vídeo são efectuados em duas fases. Na primeira fase, os quadros-chave do vídeo são extraídos do vídeo utilizando uma ferramenta de segmentação temporal automática. Uma medida de relevância das etiquetas de vídeo é composta para cada quadro-chave, após a eliminação das etiquetas que não são relevantes. Na segunda fase, cada fotograma-chave do vídeo é anotado através da recuperação de imagens de fontes em linha e procede-se à transferência de etiquetas entre amostras semelhantes.

3.3.1 Conjunto de recuperação

A coleção de todas as etiquetas $T_v = \{t_1 \dots t_i\}$ associadas a um vídeo V_i é filtrada para eliminar palavras de paragem, datas, etiquetas com números, pontuações e símbolos. Esta lista de etiquetas resultante é utilizada para obter um conjunto de imagens $I = \{I_1, I_2, \dots\dots, I_m\}$do Google, Facebook e Flickr. Seguindo este procedimento, uma imagem$I_i \in I$recuperada utilizando t_j como consulta, tem o seguinte conjunto de etiquetas$T_i = \{t_j, t'_1, \dots\dots, t'_z\}$se tiver sido obtida do Flickr ou $T_i = \{t_j\}$ se tiver sido obtida do Google ou do Facebook. Verifica-se que apenas o termo de consulta foi recolhido como etiqueta, uma vez que as imagens não contêm qualquer outra etiqueta adicional. Então $D \supseteq T_v$ seja a união de todas as etiquetas das m imagens em I. Este conjunto D é depois utilizado nos passos seguintes para a localização de etiquetas no vídeo.

Dado o conjunto de recuperação I, para cada fotograma-chave kf dentro do vídeo V encontra um pequeno conjunto de k vizinhos visuais $I_k \subseteq I$. Um bom conjunto de vizinhos conterá imagens com tipos de cenas ou objectos semelhantes (na nossa experiência - variou de 50 a 100 imagens). Na tentativa de captar indiretamente a semelhança, calculamos um descritor de palavras visuais de 200 d, calculado a partir de pontos SIFT densamente amostrados. Este descritor pode ser utilizado de forma eficiente para encontrar imagens semelhantes utilizando estruturas de dados de pesquisa aproximada por árvores k-means hierárquicas (Chu WT, Li CJ et al. 2011), a fim de resolver problemas de escalabilidade. A caraterística SIFT examina várias oitavas e níveis para detetar características através da escala. O algoritmo SURF utiliza núcleos Gaussianos progressivamente maiores (eq.3) na imagem integral para calcular as respostas com núcleos arbitrariamente maiores.

3.3.2 Refinamento e localização de etiquetas utilizando consistência temporal

Uma abordagem simples para anotar um quadro-chave kf é considerar apenas as etiquetas pertencentes ao conjunto de etiquetas T_v que está associado ao vídeo. O cálculo da relevância das etiquetas para cada etiqueta consiste em classificar a sua relevância em relação ao quadro-chave a anotar. Para resolver este problema, adoptamos a seguinte abordagem de relevância das etiquetas utilizando a vizinhança visual. Uma vez que a vizinhança visual são as imagens marcadas pelos utilizadores das redes sociais.

$$tag_{relevance(t,f,T_s)} = \frac{1}{S}\sum_{i=1}^{s} R(t,T_i) - \frac{|I_t|}{|I|} \quad (3.1)$$

where $$R(t,T_i) = \begin{cases} 1 & if\ t \in T_i \\ 0 & otherwise \end{cases} \quad (3.2)$$

No nosso sistema, utilizámos um detetor de bolhas baseado na Hessiana para encontrar o ponto de interesse num keyframe integral. Um keyframe integral $H_{kf}(X)$ é uma área retangular entre a origem e o ponto X que armazena a soma de todos os pixels numa área retangular $X = (x,y)^T$. Cálculo do keyframe integral $H_{kf}(X)$ para cada keyframe no vídeo é o seguinte:

$$H_{kf}(X) = \sum_{i=0}^{i \le x} \sum_{j=0}^{j \le y} H(x, y), \; for \; all \; keyframes \; kf \tag{3.3}$$

Para determinar o peso de cada voto entre o quadro-chave integral e o seu vizinho, é utilizado o inverso do quadrado da distância euclidiana. A função $R(t, T_i)$ calcula a semelhança entre um fotograma-chave integral e o seu vizinho visual. O $d(H_{kf}, M_i)$ é a distância euclidiana entre os vectores de características do quadro-chave integral H_{kf} e a imagem M_i.

$$R(t, T_i) = \begin{cases} \frac{1}{d(H_{kf}, M_i)^{\;2}} & if \; t \in T_i \\ 0 \; otherwise \end{cases} \tag{3.4}$$

No caso de um relevante ser incorretamente eliminado, pode ser recuperado na fase seguinte da anotação. O algoritmo calcula a pontuação da relevância da etiqueta e a posição resultante na classificação rank_{k}. De seguida, calcula a coocorrência de cada etiqueta em T_{kf}com todas as etiquetas em T_{s}. As etiquetas que têm um valor de coocorrência acima da média são seleccionadas da lista de etiquetas candidatas resultante. Calcular a pontuação de cada etiqueta candidata de acordo com o vote^{+} algoritmo (2). A pontuação da etiqueta é calculada da seguinte forma:

$$tag_{score}(t, kf) = tag_{score}(t, T_{kf}) . \frac{\lambda}{\lambda + (rank_t - 1)} \tag{3.5}$$

em que λ é um parâmetro de amortecimento fixado em 10. O desempenho em termos de precisão e de recuperação é maximizado pelo parâmetro λ. Para todas as etiquetas candidatas no quadro-chave atual kfaplica-se a equação anterior (1.5) e seleccionam-se as 5 etiquetas mais relevantes resultantes. A união de todas as etiquetas seleccionadas para o nível do keyframe é utilizada para anotar o vídeo a nível global. Estas etiquetas refinadas são designadas por T'_v.

Os vídeos apresentam uma forte continuidade temporal, tanto no conteúdo visual como na semântica. O aproveitamento desta coerência é efectuado através da introdução de um alisamento temporal na função tag_{score} em relação a uma etiqueta. Para calcular a continuidade temporal para cada etiqueta t e quadro-chave kfreavaliar a função tag_{score} função da seguinte forma.

O quadro-chave kf no tempo$kf^{(tim)}$e o dis a distância temporal máxima a que os fotogramas-chave são considerados; assim $kf^{(kf-i)}$ refere-se ao fotograma-chave próximo à distância temporal i. *A função* tag_{score} é recalculada com consistência temporal da seguinte forma:

$$refinetag_{score}(t, kf) = \sum_{i=-dis}^{+dis} w_i . P\left(t^{(kf)} = 1 \middle| t^{(kf-i)} = 1\right) \tag{3.6}$$

em que w_i é um coeficiente de ponderação gaussiano que satisfaz $\sum_i w_i = 0.9$.

3.4 Experiências e resultados

3.4.1 Quadro de avaliação do refinamento e da localização de etiquetas

A fim de medir a eficácia da abordagem proposta com diferentes abordagens de refinamento de etiquetas, o sistema proposto é avaliado quanto ao desempenho nas 18 etiquetas do NUS-WIDE 240K (Chua, T. S., Tang, J., Hong, R et al. 2009) e

nas 31 etiquetas do DUT-WEBV (Li, H., Yi, L et al. 2013), em que as anotações de verdade foram fornecidas pelos respectivos autores destes conjuntos de dados, o sistema proposto apresenta valores da medida F que têm sido amplamente utilizados como métrica de avaliação do refinamento de etiquetas.

A medida F $F = \frac{2RP}{(R+P)}$, é definida, onde P é a precisão e R é a recuperação. A medida F foi calculada para avaliar os resultados de refinamento para cada etiqueta e, em seguida, os resultados globais foram normalmente obtidos calculando a média do número de anotações de verdade (ou seja, classes) como uma macro-média.

Além disso, uma vez que ambos os conjuntos de dados são altamente desequilibrados, o sistema proposto também apresenta as *pontuações F* obtidas através da média de todas as imagens como uma *micro-média*. De facto, as pontuações F médias micro e macro são necessárias para avaliar o desempenho de diferentes algoritmos de refinamento de etiquetas. A principal razão para o desequilíbrio das imagens por etiqueta é o facto de algoritmos simples como (Makadia et al. 2008; Cohen J 1998) tenderem a prever sempre as etiquetas mais comuns.

Tabela 3.3 Conjunto de dados DUT-WEBV: lista de etiquetas com a categoria correspondente, número de fotogramas que contêm uma determinada etiqueta/conceito e número total de fotogramas-chave

Categoria	Etiqueta	N.º de quadros com etiqueta	N.º total de fotogramas
Eventos	avião a voar	2,217	5,241
	Aniversário	1,464	5,172
	Explosão	2,050	3,870
	Inundação	2,216	4,083
	Motim	4,462	6,582
Objectos	Vacas	3,014	5,080
	Alimentação	1,773	6,576
	jogador de golfe	1,497	4,295
	Jornal	2,443	6,168
	Fatos	2,287	5,302
	Telefones	2,720	5,587
	Camião	2,382	6,171
Actividades	Basebol	2,459	3,991
	Basquetebol	3,026	4,925
	Aplaudir	2,788	6,605
	Dançar	1,781	6,092
	Aperto de mão	1,516	3,412

	Entrevistas	4,217	7,206
	Desfile	3,445	5,756
	Em curso	2,826	6,024
	Cantar	4,045	6,802
	Futebol	3,204	4,747
	Natação	2,757	4,924
	Andar a pé	2,669	6,035
Cenas	Praia	3,016	5,305
	Floresta	4,157	7,001
	Montanha	2,735	6,394
Sítios	cabina do avião	2,593	5,110
	Aeroporto	4,187	6,538
	estação de serviço	1,029	4,327
	Autoestrada	2,321	5,166
Total		83,296	170,487

Tal como foi feito anteriormente pela maioria dos trabalhos relacionados (Chu WT, Li CJ et al. 2011; Kim G, Xing EP et al. 2010), a abordagem proposta apresenta os resultados globais retendo m = 5 etiquetas por imagem. Este fator afecta fortemente os aspectos de desempenho. Por este motivo, o sistema proposto apresenta também alguns valores para ambos os conjuntos de dados, variando m entre 1 e 10. Verifica-se que, em média, cada imagem do conjunto de dados MIR-Flickr-25K contém 1,3 etiquetas, enquanto no conjunto de dados NUS-WIDE-240K existem 4 etiquetas por imagem. Por fim, foram apresentados os valores da macro pontuação F com variações no número de etiquetas nos conjuntos de dados NUS-WIDE-240K e DUT-WEBV.

3.4.2 Avaliação do refinamento e localização de etiquetas no DUT-WEBV

Para avaliar a eficácia do método proposto, comparamo-lo com dois algoritmos de base.

1. Transferência simples de etiquetas (SLT) (Makadia A, Pavlovic V et al. 2008)

2. Aprendizagem da relevância das etiquetas a partir dos vizinhos visuais (TR) (Li x, Snoek CGM et al. 2009)

Foram realizadas experiências com o conjunto de dados DUT-WEBV (Huiskes MJ, Thomee B et al. 2010), cujos algoritmos consistem numa coleção de vídeos da Web recolhidos do YouTube através da emissão de 31 etiquetas como consultas. Abrange uma vasta gama de níveis semânticos, incluindo cenas, objectos, eventos, pessoas, actividades e sítios, que se encontram na lista da Tabela 3.3. Há 50 vídeos para cada conceito, e 2 vídeos estão associados a duas etiquetas diferentes. O número total de vídeos é de 1.458. A nossa configuração experimental segue o autor do conjunto de dados e os resultados são comparados na secção 3.4. Os fotogramas de vídeo são extraídos do vídeo de dois em dois segundos, seguindo a configuração experimental dos autores do conjunto de dados. Obtém-se 170.487 fotogramas diferentes. As imagens foram obtidas de diferentes fontes da Web, nomeadamente do Google Images e da rede social Flickr. O número total de todas as imagens recuperadas é de 58 832. O resultado de todos os fotogramas de vídeo e imagens recuperados online é 229 319, o que é comparável à dimensão do NUS_WIDE (o maior conjunto de dados comum utilizado para a recuperação e anotação de imagens sociais).

Tabela 3.4 Resultados da localização de etiquetas comparados com diferentes algoritmos: TRL (o nosso método), TR, SLT no conjunto de dados DUT-WEBV

	Precisão@1						Recall@1					
Método	eventos	objectos	actividades	cenas	sítios	Avg.	Eventos	objectos	actividades	cenas	sítios	Avg.
TRL	73.5	60.8	71.1	78	68.3	**70.3**	33.2	31.2	23.4	50.7	28.5	**33.4**
TR	58.5	46.8	57.5	67	51	55.3	31.2	29.8	22.5	48.3	26.7	31.7
SLT	65.5	57.8	66.1	76.7	67.6	66.7	32.4	29.9	22.9	49.9	27.4	32.5

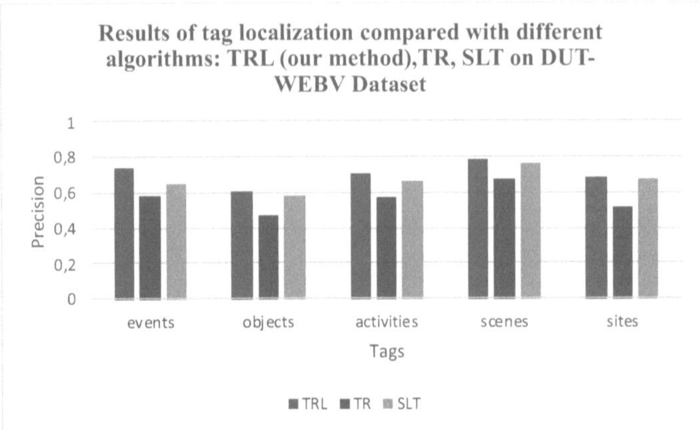

Figura 3.4 Resultados da localização de etiquetas comparados com diferentes algoritmos: TRL (o nosso método), TR, SLT no conjunto de dados DUT-WEBV

Tabela 3.5(a) Comparação do algoritmo proposto de refinamento de etiquetas no conjunto de dados DUT-WEBV e NUS-WIDE em termos de precisão para a categoria Eventos

Categori a	Etiqueta	TRL	D	
Eventos	avião a voar	**85.2**	8	
	Aniversário	**12.9**	1	
	Explosão	**82.3**	8	
	Inundação	**71.2**	6	
	Motim	**79.1**	7	
	Avg.	**66.1**	65.5	58.5

Figura 3.5(a) Comparação do algoritmo proposto de refinamento de etiquetas no conjunto de dados DUT-WEBV e NUS-WIDE em termos de precisão para a categoria Eventos

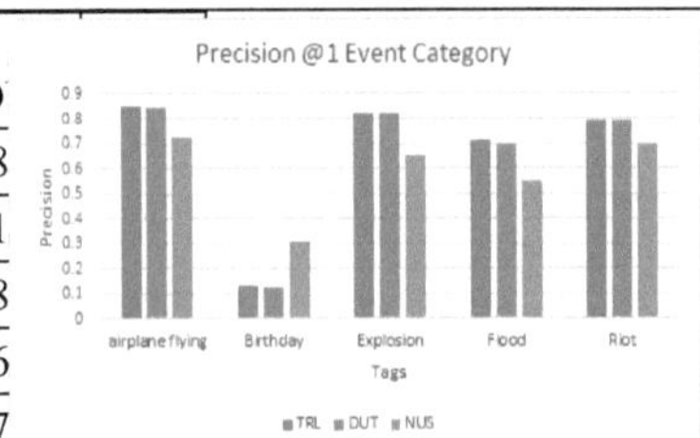

Tabela 3.5(b) Comparação do algoritmo proposto de refinamento de etiquetas no conjunto de dados DUT-WEBV e NUS-WIDE em termos de precisão para a categoria Objectos

Figura 3.5(b) Comparação do algoritmo proposto de refinamento de etiquetas no conjunto de dados DUT-WEBV e NUS-WIDE em termos de precisão para a categoria Objeto

Categoria	Etiqueta	**TRL**	DUT	NU
Objectos	Vacas	**72.2**	72.0	58
	Alimentação	**37.5**	37.3	41
	jogador de golfe	**73.4**	72.6	38
	jornal	**59.6**	58.2	41
	Fatos	**52.2**	51.5	42
	telefones	**60.2**	59.7	53.4
	Camião	**53.9**	53.3	52.1
	Avg.	**58.4**	57.8	46.8

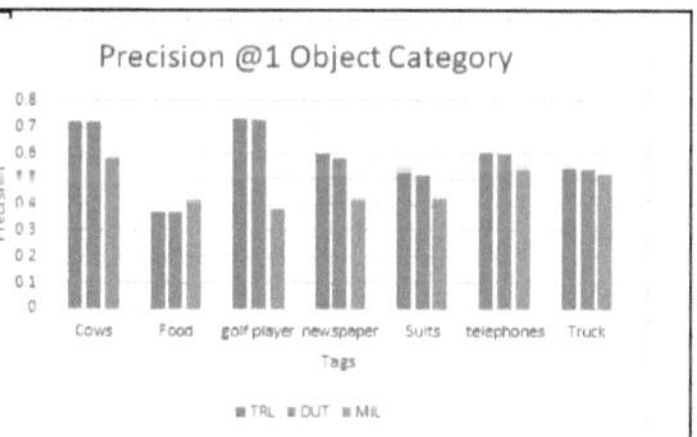

Tabela 3.5(c) Comparação do algoritmo proposto de refinamento de etiquetas no conjunto de dados DUT-WEBV e NUS-WIDE em termos de precisão para a categoria Actividades

Figura 3.5(c) Comparação do algoritmo proposto de refinamento de etiquetas no conjunto de dados DUT-WEBV e NUS-WIDE em termos de precisão para a categoria Actividades

Categoria	Etiqueta	**TRL**	DUT	NU
Actividades	Basebol	**92.1**	91.2	6
	basquetebol	**84.9**	84.1	6
	aplausos	**97.4**	96.3	5
	dança	**31.1**	30.7	2
	aperto de mão	**46.5**	45.9	4
	entrevistas	**71.9**	71.2	6
	desfile	**68.3**	67.8	6
	em funcionamento	**63.4**	62.3	45.5
	canto	**19.9**	19.0	61.1
	futebol	**83.3**	82.6	76.3
	natação	**87.2**	86.5	70.8
	caminhada	**55.7**	55.2	43.0
	Avg.	**66.8**	66.1	57.5

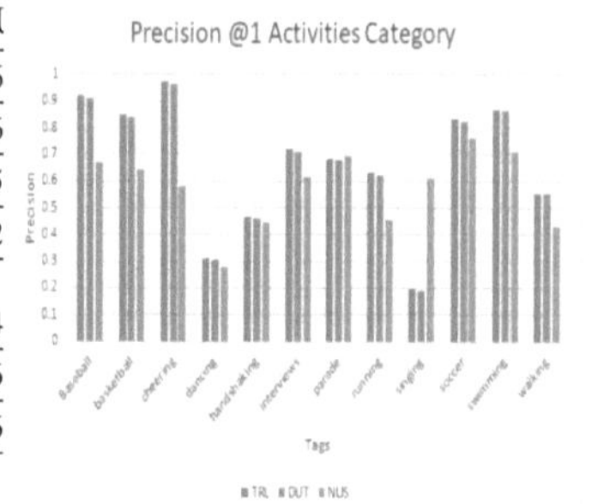

Tabela 3.5(d) Comparação do algoritmo proposto de refinamento de etiquetas no conjunto de dados DUT-WEBV e NUS-WIDE em termos de precisão para a categoria Cenas

Figura 3.5(d) Comparação do algoritmo proposto de refinamento de etiquetas no conjunto de dados DUT-WEBV e NUS-WIDE em termos de precisão para a categoria Cenas

Categoria	Etiqueta	**TRL**	DU
Cenas	Praia	**85.6**	85
	Floresta	**84.1**	83
	montanha	**62.1**	61
	Avg.	**77.3**	76

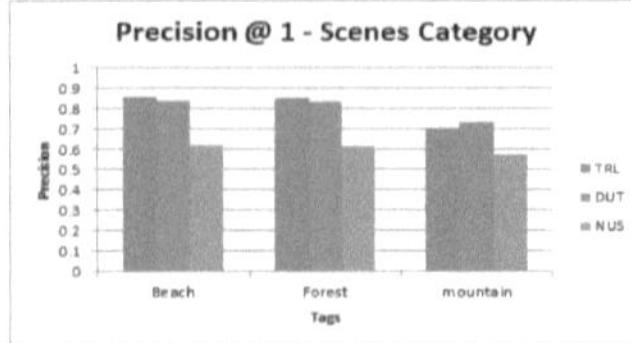

Tabela 3.5(e): Comparação do algoritmo proposto de refinamento de etiquetas no conjunto de dados DUT-WEBV e NUS-WIDE em termos de precisão para a categoria Cenas

Figura 3.5(e): Comparação do algoritmo proposto de refinamento de etiquetas no conjunto de dados DUT-WEBV e NUS-WIDE em termos de precisão para a categoria Cenas

Categoria	Etiqueta	**TRL**	DU
Cenas	Praia	**85.6**	8
	Floresta	**84.1**	8
	montanha	**62.1**	6
	Avg.	**77.3**	7

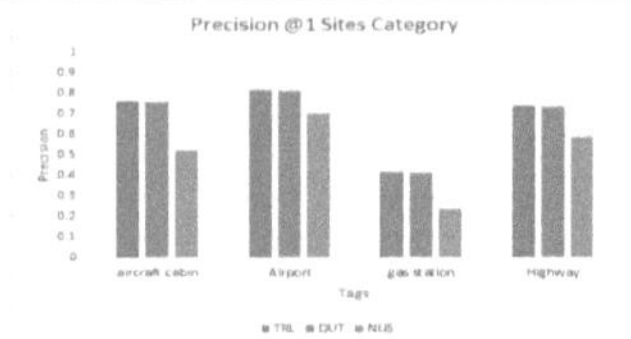

O sistema de localização e refinamento de etiquetas proposto realizou experiências no conjunto de dados DUT-WEBV, baseando-se apenas nos fotogramas-chave extraídos dos vídeos da Web. Esta configuração experimental segue a abordagem utilizada na linha de base fornecida com o conjunto de dados (Chu WT, Li CJ et al. 2011). Dada uma determinada etiqueta t para ser localizada num vídeo vextrai todos os fotogramas-chave dos outros vídeos associados a t e os quadros-chave de 10 vídeos seleccionados aleatoriamente associados a outras 10 etiquetas seleccionadas aleatoriamente de T_V. À semelhança dos trabalhos anteriores (Chua TS, Tang J et al. 2009), utilizamos Precision@N e Recall@N para avaliar os resultados (precisão/recall nos N resultados mais bem classificados).

A relevância das etiquetas é calculada utilizando a Equação 3.5 sem ponderação dos votos. Os resultados preliminares são apresentados no quadro 3.4 Adoptámos os keyframes como keyframes integrais para melhorar a vizinhança utilizando o vetor de características SURF na Equação 3.3. À medida que o vizinho visual aumenta, observamos que o desempenho também melhora ligeiramente, tanto em termos de precisão como de recordação. Utilizando os votos de ponderação na Equação 3.4, o procedimento obtém uma melhoria na recuperação de cerca de 3% e uma perda de precisão superior a 4%. A exigência na tarefa de localização de etiquetas é em termos de precisão, uma vez que uma etiqueta não foi reconhecida num determinado quadro-chave, como se pode verificar nos quadros seguintes da Tabela 3.6 e da Figura 3.6.

Para medir a eficácia das diferentes abordagens de refinamento e localização de etiquetas, o sistema proposto foi avaliado nas 18 etiquetas do DUT-WEBV e nas 31 etiquetas do NUS-WIDE-240K, em que os autores do conjunto de dados propuseram abordagens de localização de etiquetas que fornecem uma base fiável. O nosso método proposto obtém melhores resultados do que o método de base DUT-WEBV (5) para todas as categorias de etiquetas. Em média, o nosso método supera a linha de base em 8%. Note-se que os resultados produzidos pelo nosso método são com Precision@1, enquanto as linhas de base foram medidas usando Precision@N, pelo que as nossas melhorias devem ser consideradas ainda mais. Os resultados são apresentados nas Tabelas em 3.5 e nas Figuras em 3.5.

Tabela 3.6: Desempenhos médios de diferentes algoritmos para o refinamento de etiquetas em comparação com a linha de base (Makadia, Pavlovic &kumar) para o refinamento de etiquetas - Simple Label Transfer (SLT), Learning Tag Relevance from visual neighborhood (Li & Snoek et al) (TR) e o nosso método -Tag Refinement and localization (TRL) algoritmo proposto, no conjunto de dados DUT-WEBV.

	TRL (nosso)	**SLT (Makadia)**	**TR (Li, Snoek)**
Macro-escore F	0.31	0.18	0.26
F-score micro	0.17	0.06	0.14

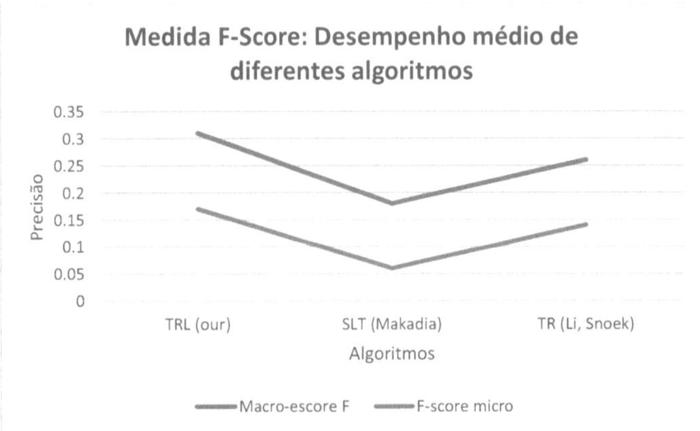

Figura 3.6 Medida F-Score: Desempenho médio de diferentes algoritmos para refinamento e localização de etiquetas

Semelhante ao nosso método que utiliza apenas o vetor de características SIFT para a votação de vizinhos com subamostragem temporal do vídeo de 2 em 2 segundos. Pode notar-se que a utilização de todas as fontes de imagem disponíveis fornece os melhores resultados de precisão de 78%. Em termos de precisão, qualquer combinação de vídeo e fonte adicional tem melhor desempenho do que a mesma fonte isoladamente, mas é interessante notar o bom resultado de 62,5% em todas as fontes sociais e da Web juntas. Em termos de recordação, os resultados têm uma diferença principal na utilização de apenas dados de vídeo, com 49,8%, e qualquer outra combinação que forneça, no máximo, 29,4%. Todos esses resultados são comparados e listados na Tabela 3.5 e na Figura 3.5.

3.4.3 Avaliação do refinamento e localização de etiquetas em vídeos culturais indianos

A abordagem proposta foi avaliada através da realização de experiências com vídeos culturais indianos, que consistem numa coleção de vídeos da Web recolhidos no Facebook, YouTube e Google, emitindo etiquetas para 4 categorias como consultas. Estas categorias estão listadas na Tabela 3.5 e abrangem uma série de níveis semânticos, incluindo dança, festivais e celebrações, comida e cultura e vestuário indiano. Há 4 categorias culturais com 14 vídeos diferentes para cada vídeo, num total de 56 vídeos. Os fotogramas de vídeo são agrupados automaticamente por planos detectados em fragmentos de vídeo temporais semanticamente coerentes. Obtém 4 982 quadros-chave diferentes de 56 vídeos. As imagens do motor de busca Google e Bing e de uma rede social Flickr são recuperadas para as etiquetas obtidas do vídeo.

A coleção de imagens recuperadas, como se pode ver na Figura 3.7, 3.8 e na Tabela 3.7, é de 5579. Com esta abordagem, tornou-se possível marcar fotogramas-chave que mostram danças específicas (por exemplo, Bharathanatiyam, Bihu), festivais (por exemplo, Natal, Deepavali, Colheita de Pongal) e comida (Idli, Puri). O desempenho da anotação foi avaliado em termos de Precision@5 e Precision@10, através da inspeção manual de cada fotograma anotado por quatro pessoas diferentes e calculando a média dos resultados. Os resultados obtidos são apresentados na Tabela 3.7, comparando os resultados com uma linha de base que selecciona aleatoriamente as etiquetas, com a probabilidade proporcional à sua frequência nas imagens descarregadas.

Figura 3.7 Vídeos culturais indianos para diferentes categorias do YouTube

Tabela 3.7. Vídeos culturais indianos de diferentes categorias do YouTube com duração (para todos os vídeos com menos de 10 minutos), número de fotogramas com etiquetas e número total de fotogramas

Categoria YouTube	Duração total em minutos	N.º de molduras com etiquetas	N.º total de fotogramas
Dança	280	210	308
Festa e celebração	180	1095	1825
Alimentação	160	1202	2350
Roupa indiana	120	300	499
	740 (12 horas e 33 minutos)	2807	4982

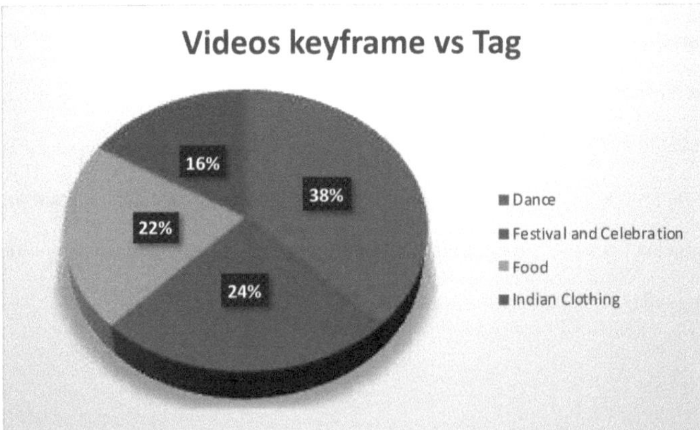

Figura 3.8. Vídeos culturais indianos com keyframes localizados Vs Tags

3.5. Resumo e conclusão

Este capítulo apresentou uma nova abordagem de refinamento e localização de etiquetas baseada na consistência temporal que localiza os vídeos nos fotogramas-chave visualmente semelhantes. O sistema proposto aproveita o conhecimento coletivo gerado pelas etiquetas dos utilizadores e a semelhança visual dos fotogramas-chave de vídeo e das imagens disponíveis nas redes sociais, como o Facebook e o YouTube, e em fontes de imagens da Web, como o Google e o Bing. Esta abordagem é melhorada a partir do algoritmo de base com suavização temporal com um quadro-chave integral que é capaz de explorar a forte coerência normalmente presente no vídeo.

A demonstração sistemática da eficácia da abordagem de refinamento de etiquetas proposta e a sua análise exaustiva com o conjunto de dados DUT-WEBV são apresentadas neste capítulo. Os resultados obtidos são comparados com o conjunto de dados NUS-WIDE para mostrar a eficácia do refinamento de etiquetas e a localização gerada pela abordagem proposta. O desempenho médio de diferentes algoritmos para refinamento de etiquetas no DUT-WEBV também é apresentado. A precisão para F-score macro e F-score micro é apresentada para diferentes algoritmos de refinamento de etiquetas, onde a abordagem proposta de refinamento e localização de etiquetas obteve 0,31 em F-score macro e 0,17. Estes resultados mostram a exatidão do refinamento e localização de etiquetas proposto quando comparado com métodos anteriores. Em alguns casos, a anotação automática faz cair a pontuação da etiqueta que não é relevante em iterações anteriores e que pode ser recuperada na última fase.

Os métodos propostos de refinamento e localização de etiquetas são comparados com diferentes números de imagens vizinhas mais próximas. A vizinhança visual varia de 50 a 250 e a relevância da etiqueta é calculada no conjunto de dados DUT-WEBV. Estes resultados preliminares mostram que, quando o número de vizinhos mais próximos aumenta, o desempenho melhora ligeiramente, tanto em termos de precisão como de recordação. Os resultados do método proposto de refinamento e localização de etiquetas mostram que a consideração de aspectos temporais é benéfica para o desempenho, uma vez que melhora a pontuação de recuperação sem diminuir a precisão. Não oferece vantagens particulares quando se utilizam quadros temporais maiores, uma vez que as probabilidades condicionais da presença de um conceito a vários segundos de distância não são frequentemente relevantes. Verificou-se que o procedimento de suavização temporal proposto tem um custo computacional insignificante, pelo que apresenta grandes vantagens sem inconvenientes.

A abordagem de refinamento e localização de etiquetas proposta neste capítulo refina a etiqueta utilizando a consistência temporal. Os resultados das experiências extensivas mostraram a eficácia da abordagem proposta de refinamento e localização de etiquetas. No entanto, a propriedade espacial nos vídeos deve ser considerada para aumentar a pontuação de relevância entre a etiqueta e o quadro-chave. Assim, a abordagem de refinamento de etiquetas com base em características espaciais é alargada para funcionar nos fotogramas-chave baseados em regiões, propondo um novo refinamento de etiquetas com base em características espaciais utilizando votação ponderada dinâmica no próximo capítulo.

Capítulo 4

Refinamento de etiquetas com base em características espaciais utilizando votação ponderada dinâmica

4.1 Introdução

Este capítulo apresenta a nossa proposta de abordagem de refinamento de etiquetas com base em características espaciais utilizando a votação ponderada dinâmica. A abordagem de refinamento de etiquetas baseada em características espaciais é proposta utilizando a votação ponderada dinâmica baseada na informação mútua. Aproveita o conhecimento coletivo das redes sociais, como colecções de vídeos, imagens, textos sob a forma de etiquetas e comentários disponíveis em linha. A abordagem de refinamento de etiquetas com base em características espaciais investe no conhecimento coletivo para medir a relevância entre anotações candidatas, avaliando a probabilidade e atribuindo um peso dinâmico, tal como referido na secção 3.5.

O repositório digital multimédia tem imensos vídeos que estão associados a etiquetas, comentários e ligações gerados pelos utilizadores. A anotação automática de um vídeo pode extrair características semânticas que são identificadas através da incorporação de etiquetas, palavras-chave e descrições textuais geradas pelo utilizador. Estas características semânticas são limitadas em dois aspectos: Em primeiro lugar, as características semânticas não conseguem perceber o significado contextual de todo o vídeo, que só pode ser compreendido por seres humanos. Em segundo lugar, a extração de características semânticas pode identificar o número de pessoas e até os seus nomes utilizando o reconhecimento facial, mas o papel desempenhado por elas, o estado de espírito e o clima do conteúdo do vídeo só podem ser sentidos e adivinhados pelos seres humanos.

Por outro lado, as anotações sociais geradas pelo utilizador nas redes sociais podem ser incorporadas nas anotações multimédia, uma vez que reflectem a perceção do utilizador. Estes conhecimentos colectivos representam o interesse do utilizador e não os conceitos semânticos ou as características semânticas.

Atualmente, o desempenho do sistema de recuperação de imagens e vídeos depende principalmente da disponibilidade e da qualidade das etiquetas. No entanto, os estudos existentes mostram que as etiquetas são poucas, imprecisas, ambíguas e demasiado personalizadas (Guillaumin M, Mensink T et al. 2009). As abordagens de anotação automática encontram a semelhança de conceitos (Li X, Snoek C et al. 2009; Ballan L,Urricho T et al. 2014; Kirubai D, Rajkumar K et al. 2018) entre a imagem e as etiquetas ou tags. A semelhança de conceitos é obtida encontrando a semelhança visual através de características de baixo nível e semânticas da imagem ou do vídeo utilizando as amostras de treino. Agrupam as imagens de conceitos semelhantes e propagam-se para novas imagens de imagens visualmente semelhantes (Li X, Snoek C et al. 2009; Ballan L,Urricho T et al. 2014; Kirubai D, Rajkumar K et al. 2018).

Propagação de etiquetas através da construção de grafos (Uriccho T, Ballan L et al. 2013; Emily Moxley, TaoMei BS et al. 2010), propagação de vizinhança (Kirubai D, Rajkumar K et al. 2018; Ballan L, Bertini M et al. 2015; Qian Z, Zhong P et al. 2015) para rotular o vizinho mais próximo, passeios aleatórios (Emily Moxley, TaoMei BS et al. 2010) (Ballan L, Bertini M et al. 2015; Qian Z, Zhong P et al. 2015) para encontrar a vizinhança através de particionamento hierárquico (Qian Z, Zhong P et al. 2015; Kirubai D, Rajkumar K et al. 2018) do grafo. Por outro lado, as técnicas de visão por computador (Kannan R, Ghinea G et al. 2015), como o reconhecimento de objectos e o reconhecimento de rostos (Kannan R, Ghinea G et al. 2015), também estão a aumentar, mas dependem de amostras de formação precisas com anotações semânticas. Os rótulos ou etiquetas gerados pela anotação automática não são muito relevantes quando comparados com as etiquetas que o utilizador gera para a mesma imagem na Internet. As etiquetas sociais são melhores do que as anotações automáticas para treinar as amostras de imagens em grande escala (Emily Moxley, TaoMei BS et al. 2010) (Ballan L, Bertini M et al. 2015; Qian Z, Zhong P et al. 2015). As abordagens de anotação colaborativa (Li X, Snoek C et al. 2009; Kirubai D, Rajkumar K 2018) tiram partido destas etiquetas de utilizador para encontrar a relação semântica entre o conteúdo da imagem e as etiquetas.

Conhecimento coletivo gerado pelo utilizador nas etiquetas das redes sociais para construir gráficos de imagens à escala da Web (Uriccho T, Ballan L et al. 2013; Qian Z, Zhong P et al. 2015) que representam imagens semanticamente semelhantes, encontrando a relevância das etiquetas (Li X, Snoek C et al. 2009; Kirubai D, Rajkumar K et al. 2018) utilizando a semelhança semântica das etiquetas e, para melhorar a qualidade das etiquetas, são utilizadas abordagens como a recomendação de etiquetas (Li X, Snoek C et al. 2009; Kirubai D, Rajkumar K 2018), o refinamento de etiquetas (Uriccho T, Ballan L et al. 2013) e a filtragem de etiquetas (3, 7). As etiquetas colaborativas dependem do interesse dos utilizadores sociais e da sua utilização do vocabulário à sua escolha. Estas etiquetas geradas pelos utilizadores podem não descrever corretamente o conteúdo dos multimédia e, por vezes, são irrelevantes, têm anotações negativas e etiquetas ruidosas. Para refinar as anotações sociais e melhorar a qualidade do processamento de etiquetas durante a marcação, como a recomendação de etiquetas (Kirubai D, Rajkumar K 2018), (Uriccho T, Ballan L et al. 2013) ou após a marcação, como o refinamento de etiquetas (Ballan L, Urricho T et al. 2014; Kirubai D, Rajkumar K 2018) e a reclassificação, são as abordagens mais avançadas na anotação e recuperação de multimédia social.

A abordagem de refinamento de etiquetas melhorada proposta mede a relevância entre imagens integrais do vídeo e imagens semanticamente semelhantes nas redes sociais. A abordagem básica de refinamento de etiquetas da nossa investigação, discutida no capítulo 3, implementa a consistência temporal para os vídeos culturais, enquanto a abordagem melhorada de refinamento de etiquetas, discutida neste capítulo, explora tanto a consistência visual como a consistência do conteúdo para medir a pontuação de relevância. Além disso, adopta uma abordagem probabilística para estimar a pontuação de relevância inicial para cada etiqueta e, em seguida, a pontuação é refinada utilizando uma votação ponderada dinâmica sobre as pontuações de classificação das etiquetas.

Esta abordagem melhorada de refinamento de etiquetas utiliza um detetor de bolhas baseado no Hessiano para o ponto de interesse numa imagem integral. Uma imagem integral é uma área retangular entre a origem e o ponto x, que armazena a soma de todos os pixels numa área retangular. Para calcular a pontuação de relevância da etiqueta, é necessário encontrar a semelhança entre um keyframe integral e as suas imagens vizinhas visuais das redes sociais disponíveis. A utilização das imagens integrais para todos os fotogramas-chave do vídeo permite o cálculo das respostas numa área retangular com o tamanho de quatro visualizações arbitrárias, como mostra a figura 4.1.

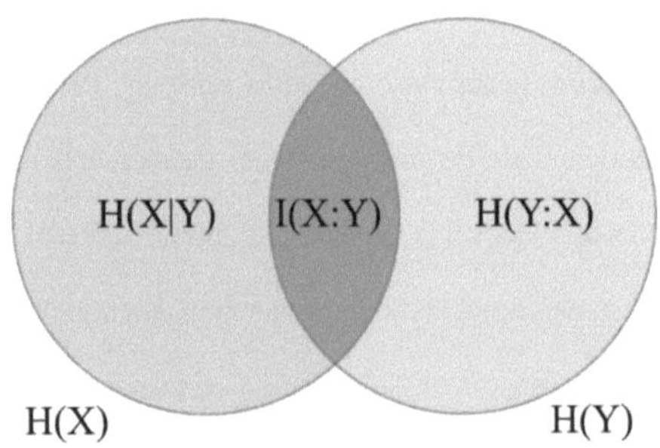

Figura 4.1. Informação mútua

A abordagem básica de refinamento de etiquetas discutida anteriormente no capítulo 3 utilizou a caraterística SIFT que examina várias oitavas e níveis para detetar características através da escala (Kirubai D, Rajkumar K 2018), enquanto a abordagem de refinamento de etiquetas na versão melhorada da nossa investigação utiliza o algoritmo SURF que utiliza núcleos gaussianos progressivamente maiores na imagem integral para calcular a resposta com núcleos arbitrariamente maiores. Assim, a abordagem proposta de refinamento de etiquetas aperfeiçoada refina as anotações e melhora a precisão da anotação. A secção seguinte apresenta uma descrição detalhada do refinamento de etiquetas proposto utilizando a votação ponderada dinâmica. A secção 4.3 descreve o algoritmo de refinamento utilizando a votação ponderada dinâmica. Na secção 4.4, são discutidos os resultados experimentais. A secção 4.5 apresenta o resumo e a conclusão.

4.2 Refinamento de etiquetas utilizando a votação ponderada dinâmica Visão geral

Makadi, Pavlovic & Kumar (2008) propuseram uma base para a auto-anotação de imagens, utilizando um método simples para transferir n etiquetas para uma imagem de teste a partir das suas vizinhanças visuais, em que as imagens semelhantes são ordenadas de acordo com a sua semelhança com a imagem de teste e as etiquetas mais frequentes num conjunto de treino são atribuídas a partir da imagem mais semelhante, até se atingir um número especificado de etiquetas. O método é composto por uma medida de distância de imagem composta (JEC - Joint Equal Contribution - ou Lasso) para a classificação dos vizinhos mais próximos.

Guillaumin, Mensink, &Verbick et al. (2009) propuseram a aprendizagem de um modelo de vizinho mais próximo ponderado, para encontrar automaticamente a combinação óptima de distâncias de características - por exemplo, descritores de forma locais ou histogramas de cor globais, para resolver a tarefa de auto-anotação de imagens e relevância de etiquetas. As etiquetas de uma imagem de teste baseiam-se na classificação ou na distância entre vizinhos. Tsai, Jing & Liu & et al. (2011) propuseram uma estrutura denominada synset visual, que é uma organização de imagens visualmente semelhantes e semanticamente relacionadas. Cada synset visual corresponde a um único conceito visual prototípico e está associado a um conjunto de etiquetas ponderadas. As SVMs lineares são utilizadas para prever anotações para novas imagens não vistas.

O nível humano de perceção e compreensão de imagens e vídeos depende do contexto do vídeo, do conhecimento prévio, da imaginação, dos detalhes sobre uma tarefa ou pessoa específica em vez de um objeto, uma região e uma pessoa. Motivados pela perceção humana e pelo conhecimento coletivo que prevalece nas redes sociais, propomos um novo algoritmo para o refinamento da anotação de vídeos utilizando uma votação ponderada dinâmica baseada em pontos de interesse Hessianos. O algoritmo de refinamento proposto neste artigo visa dois objectivos: em primeiro lugar, anotar o vídeo com pontos de interesse ao nível do keyframe, conhecido como imagem integral. Em segundo lugar, refinar estas anotações com votos ponderados dinâmicos calculados pela semelhança visual entre a imagem integral e as imagens online.

O primeiro objetivo está relacionado com o facto de não ser necessário anotar todo o vídeo, mas sim os pontos de interesse nos fotogramas-chave que exibem o conteúdo. O segundo objetivo está relacionado com o facto de as anotações para os keyframes integrais no mesmo vídeo terem diferentes medidas de relevância quando comparadas com imagens semelhantes online. Para fazer face a estes desafios, este artigo propõe um novo algoritmo para anotação de vídeo baseado em pontos de interesse Hessianos e um algoritmo de refinamento interativo baseado em votação ponderada dinâmica. A figura 4.2 apresenta uma visão geral da abordagem proposta.

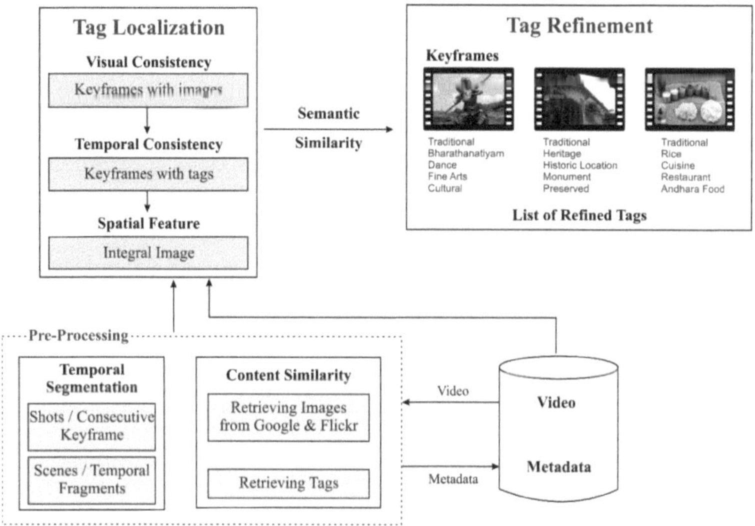

Figura 4.2. Arquitetura do refinamento de etiquetas baseado em características espaciais improvisadas utilizando um sistema de votação ponderada dinâmica

4.2.1 Votos ponderados baseados no conhecimento coletivo

A anotação de vídeo é efectuada através da adoção de uma medida de relevância melhorada entre pontos interessantes do quadro-chave do vídeo e imagens visualmente semelhantes da Web. A pontuação de relevância é calculada pela probabilidade de produzir uma anotação candidata utilizando a frequência dos termos de anotação e a semelhança visual da imagem candidata com a dos quadros-chave integrais.

O algoritmo de refinamento de etiquetas baseado em características espaciais proposto baseia-se no modelo booleano. A velocidade de convergência do refinamento é elevada, mas conduzirá a uma baixa precisão em algumas imagens. A razão para o algoritmo de refinamento é assumir que a anotação candidata com a probabilidade máxima está correcta. Se a condição for falsa, então o processo de refinamento e todos os resultados não são fiáveis. No processo de refinamento, cada decisão apenas considera o novo conceito de anotação candidato, sendo absolutamente impossível remover qualquer etiqueta do conceito. A sequência fixa ou de estado da remoção de etiquetas ruidosas não é razoável. Intuitivamente, algumas etiquetas confirmadas nas etapas anteriores deveriam permitir a remoção na etapa posterior, no contexto de informações mais relevantes. De facto, uma vez que as probabilidades de todas as anotações candidatas são geradas automaticamente pelo algoritmo de anotação sem qualquer participação manual, as etiquetas de anotação candidatas com elevada probabilidade apenas significam que a possibilidade de serem refinadas ou a anotação final é elevada. Qualquer algoritmo de refinamento que dependa completamente de uma probabilidade estática não é fiável.

A proposta de refinamento de etiquetas baseado em características espaciais com votos ponderados dinâmicos propõe uma abordagem que contrasta com os trabalhos anteriores, que não depende completamente da probabilidade máxima fixa originalmente produzida pelo algoritmo de anotação. Cada passo no refinamento de etiquetas considera a nova anotação candidata e também as anotações refinadas, o que significa que a primeira pode negar a segunda e vice-versa. Nos algoritmos anteriores, a sequência tem grande importância no refinamento das próximas etiquetas candidatas. No algoritmo proposto, é a combinação da correspondência ponderada que determina se a anotação candidata é refinada/anotação final ou não. O refinamento de etiquetas proposto utiliza a informação mútua para medir a dependência entre duas etiquetas e as probabilidades das duas etiquetas candidatas para apresentar o peso da importância da correspondência. Além disso, a abordagem de refinamento de etiquetas proposta produzirá um número adaptável de etiquetas refinadas. Nas abordagens de refinamento de etiquetas existentes, a relevância das etiquetas é medida pelo modelo booleano e pela medida de relevância pura. Na abordagem de refinamento de etiquetas proposta, a medida baseia-se na informação mútua entre etiquetas candidatas. O algoritmo de anotação proposto pode ser descrito da seguinte forma:

1. *Extrair fotogramas-chave* kf *do vídeo* v.
2. *Segmentar o quadro-chave* kf *em pontos de interesse como uma imagem integral* $I_{kf}(X)$ *onde* $X = (x, y)^T$ *armazena a soma de todos os pixels numa área retangular entre a origem e X.*
3. *Calcular o vetor de características para as imagens integrais de cada fotograma-chave.* $[d_1, \dots, d_{72}]$.
4. *Seja* $freq_{a,b}$ = *a frequência bruta da imagem integral* $I_{kf}(X)$ *no fotograma-chave* kf *é dada por* $f_{a,b} = \frac{freq_{a,b}}{max\, freq_{a,b}}$
5. *O peso do termo é calculado para cada keyframe utilizando* $W_{a,b} = f_{a,b} * log\frac{N}{n_i}$, *em que N é o tamanho da imagem de treino no conjunto de dados e* n_i*é o número de imagens em que a imagem integral* $I_{kf}(X)$ *aparece.*
6. *Calcular a anotação candidata de acordo com o modelo de relevância em (2)* $tagRelevance(W, I, kf) = n_w[N_f(I, Kf)] - Prior(W, kf)$
7. *Atribuir a probabilidade de cada anotação candidata ao peso da anotação utilizando(1)*

$$P(y_{iw} = +1) = \sum_j \pi_{ij} P(y_{iw} = +1|j)\, \pi_{ij} \geq 0 \wedge \sum_j \pi_{ij} = 1$$

$$P(y_{iw} = +1) = \begin{cases} 1 - \epsilon & for \quad y_{iw} = +1 \\ \epsilon & otherwise. \end{cases} \quad Onde\ y_{iw} \in \{+1, -1\}$$

indica se a etiqueta w *é relevante ou não para a imagem* i *e* π_{ij} *é o peso da imagem* j *(dos vizinhos visuais) em relação à imagem* i *a ser aprendida.*

8. *Transferir as etiquetas de N etiquetas de maior peso.*

4.2.2 Medida de relevância utilizando características espaciais

Esta secção descreve a influência das características temporais e espaciais da imagem e do vídeo como um fator importante para a anotação. A extração destas características temporais e espaciais de um vídeo através de métodos automáticos é uma tarefa difícil. O aproveitamento dos conteúdos gerados pelo utilizador relacionados com as características espaciais pode colmatar a lacuna semântica na anotação automática do vídeo. Liu, Yan & Hua et al. (2011b) propuseram uma expansão para os algoritmos de aprendizagem de múltiplos rótulos de gráfico único através da aprendizagem de um vocabulário visual específico de etiquetas. Cada anotação obtém um gráfico de correlação que é utilizado para propagar a informação, reflectindo a relação particular entre as imagens no que diz respeito à etiqueta específica.

Li, Snoek e Worring (2009) propuseram uma medida de relevância de etiquetas para a recuperação de imagens com base na consideração, originalmente proposta por Kennedy, Slaney e Weinberger (2009), de que se pessoas diferentes rotularem imagens com as mesmas etiquetas que são visualmente semelhantes, então é mais provável que essas etiquetas reflictam aspectos objectivos do conteúdo visual. As etiquetas mais relevantes que ocorrem na vizinhança são visualmente semelhantes às imagens. No entanto, é pouco provável que algumas etiquetas que ocorrem frequentemente sejam relevantes para a maioria das imagens. Com base nestes factos, a medida de relevância das etiquetas proposta tem em conta tanto a distribuição de uma etiqueta t no conjunto de vizinhos de uma imagem I como em toda a coleção.

A deteção de características é o processo em que se examina automaticamente uma imagem para extrair características, que são únicas para os objectos na imagem, e é capaz de detetar um objeto com base nas suas características em diferentes imagens (Kirubai D, Rajkumar K 2018c). A deteção usando SURF numa imagem mostra o objeto com diferentes transformações, principalmente escala e rotação ou quando partes dos objectos estão ocluídas. A identificação automática da caraterística interessante e do ponto de interesse utilizando a SURF é efectuada de forma robusta. A mesma caraterística é sempre detectada independentemente dos pontos de vista. Cada ponto de interesse extraído com a SURF produz uma descrição única que não depende da escala e da rotação das características. Dada uma imagem de entrada, a caraterística SURF determina o objeto que contém e, possivelmente, uma transformação do objeto no vetor espacial com base em pontos de interesse pré-determinados, como se mostra na figura 4.3.

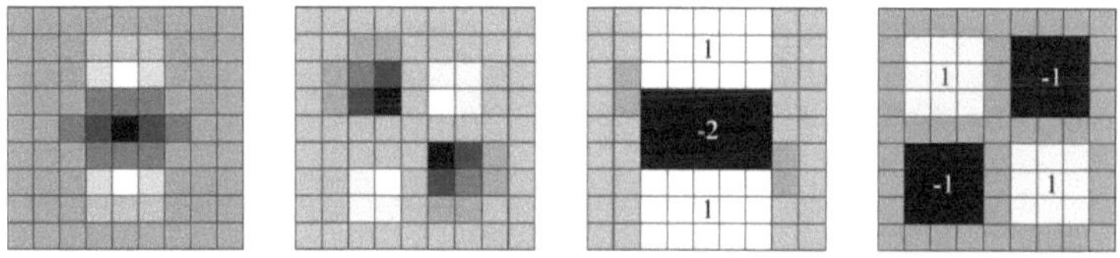

Figura 4.3 Imagem integral dos fotogramas-chave

A abordagem de votação ponderada dinâmica proposta para o refinamento das etiquetas baseia-se numa caraterística espacial e é um novo esquema de detetor-descritor que utiliza o SURF (Speeded-Up Robust Features). O detetor baseia-se na matriz Hessiana, mas utiliza uma aproximação muito básica, tal como o DoG é um detetor muito básico baseado no Laplaciano (Herbert, Tinnie e Luc Van, 2009). Baseia-se em imagens integrais para reduzir o tempo de computação, o chamado detetor "Fast-Hessian". Os outros descritores descrevem uma distribuição de respostas Haar-wavelet na vizinhança do ponto de interesse.

O SURF explora imagens integrais para obter velocidade. Utiliza apenas 64 dimensões, reduzindo o tempo de computação e correspondência das características e aumentando simultaneamente a robustez. Apresenta um novo passo de indexação baseado no sinal do Laplaciano, que aumenta não só a velocidade de correspondência, mas também a robustez do descritor de características espaciais. A imagem integral permite a implementação rápida de filtros de convolução do tipo caixa. A entrada de uma imagem integral $I=\Sigma(\mathbf{x})$ num local $\mathbf{x} = (x, y)$ representa a soma de todos os pixels da imagem de entrada I de uma região retangular formada pelo ponto **x** e a origem, bastando quatro adições para calcular a soma das intensidades sobre qualquer área retangular vertical, independentemente do seu tamanho. O detetor SURF sobre a matriz Hessiana resulta num bom desempenho em termos de tempo de cálculo e de precisão.

4.3 Algoritmo de refinamento de etiquetas utilizando votação ponderada dinâmica

Medida de relevância das etiquetas para a recuperação de vídeos com base em imagens visualmente semelhantes para os quadros-chave que utilizam as mesmas etiquetas, então é mais provável que estas etiquetas reflictam aspectos do objeto da consistência visual.

4.3.1 Seleção de características espaciais utilizando pontos de interesse Hessianos

Com base no facto de imagens visualmente semelhantes terem sido semanticamente relacionadas entre si quando os seus pesos ou classificação são elevados Kirubai D, Rajkumar K, 2018c. A consistência visual depende da seleção de características visuais em regiões com imagens semelhantes. Para melhorar a precisão da anotação, este documento propõe um algoritmo de refinamento de anotação que utiliza votação ponderada dinâmica com pontos de interesse Hessian. Estes pontos de interesse formam uma imagem integral para cada quadro-chave que reflecte uma consistência visual próxima entre os votos dos vizinhos mais próximos com maior ponderação. Em cada imagem integral, o descritor SURF Kirubai D, Rajkumar K, 2018c descreve uma área de interesse com um tamanho de 20s. A área de interesse é dividida em 4 X 4 subáreas, descritas pelos valores de uma resposta wavelet em x e y direcções. A área de interesse é ponderada com um centro gaussiano no ponto de interesse para dar robustez.

O Laplaciano é a base da matriz hessiana (equação 4.3), e ao calcular o determinante da matriz hessiana estes valores estão disponíveis. É uma questão de armazenar o sinal. A razão para armazenar o sinal do Laplaciano é que distingue entre manchas brilhantes em fundos escuros e vice-versa (Rajkumar, Kirubai 2018b). Só é necessário comparar o vetor descritor completo se tiverem o mesmo sinal, o que pode reduzir o custo computacional da correspondência.

A caraterística visual global não é capaz de colmatar a lacuna semântica entre o conceito semântico e o conteúdo visual da imagem. Consequentemente , a caraterística global é inadequada para a anotação de imagens (Kirubai, D., Rajkumar, K., 2018c). A caraterística visual local é demasiado sensível ao ruído, não se adequando à anotação de imagens. A caraterística visual da seleção espacial é uma escolha melhor para a anotação de vídeo. Além disso, o modelo de relevância da anotação de imagens requer o vetor de características baseado no bloco de imagem ou na região espacial. A segmentação de imagens é um passo importante, mas difícil, para extrair informações sobre regiões no domínio da análise e compreensão de imagens (Kirubai, D., Rajkumar, K., 2018c). Um enorme conjunto de algoritmos e tecnologias de anotação foi proposto e desenvolvido para a segmentação de imagens, entre os quais o corte normalizado (N-cut) tem sido um método promissor e uma área de pesquisa ativa devido à melhor qualidade. No entanto, o N-cut apenas processa online o conjunto de dados de imagens de média e grande dimensão devido à incrível complexidade de memória e tempo. Além disso, o algoritmo N-cut não pode utilizar informações sobre a textura, uma vez que a unidade básica do algoritmo de agrupamento é o pixel. Para ultrapassar o inconveniente e melhorar o poder de descrição, a abordagem proposta utiliza um algoritmo N-cut baseado em blocos para a segmentação de imagens em trabalhos anteriores, cuja unidade básica de agrupamento é o bloco de imagem em vez do pixel individual. O algoritmo de refinamento de etiquetas proposto, que utiliza votos ponderados calculados dinamicamente, adopta o algoritmo N-cut baseado em blocos para segmentar a imagem, que pode ser descrito da seguinte forma

a) *Segmentar o quadro-chave em imagens integrais para cada ponto de interesse*

$$I(X) = \sum_{i=0}^{i<x} \sum_{j=0}^{j<y} I(x, y) \tag{4.1}$$

b) *Construir o vetor de características SURF para a imagem integral com 72 dimensões.*

c) *Calcular o peso* w *com um núcleo gaussiano, utilizando núcleos gaussianos de segunda ordem* $\frac{\partial^2}{\partial y^2} g(\sigma)$ *pode ser dado como*

$$\mathcal{H}(X, \sigma) = \begin{bmatrix} L_{xx}(X, \sigma) & L_{xy}(X, \sigma) \\ L_{xy}(X, \sigma) & L_{yy}(X, \sigma) \end{bmatrix} \tag{4.2}$$

Onde $L_{xx}(X, \sigma) = I(X) * \frac{\partial^2}{\partial x^2} g(\sigma)$

$$L_{xy}(X, \sigma) = I(X) * \frac{\partial^2}{\partial xy} g(\sigma)$$

d) *Construir o grafo* G *cujo vértice corresponde à imagem integral.*

e) *Calcular a matriz de adjacência ponderada* W, *cujo peso das arestas* $w_{i,j}$ *é a métrica de similaridade e distância do nó* i *e* j *correspondente à imagem integral* x *e* y *respetivamente.*

f) *Compare o Laplaciano L não normalizado utilizando*

$$\nabla^2 L = tr(\mathcal{H}) = L_{xx}(X, \sigma) + L_{xx}(X, \sigma) (3)$$

g) *Seja* $V \in R^{nXm}$ *seja a matriz que contém os vectores* $V_1, \ldots\ldots, V_m$ *como colunas.*

h) *Agrupar os pontos* $(Y_i)_{i=i,\ldots,n}$ *em* R^m *com o algoritmo k-means em grupos* $C_1, \ldots \ldots, C_k$.

A caraterística visual pode ser a informação sobre a cor, a textura e a forma de uma imagem. A cor é a caraterística visual mais utilizada para a recuperação de imagens devido à sua eficiência. A forma é uma das características mais importantes para descrever o objeto, pelo que é adequada para o reconhecimento de objectos. A textura é um elemento importante das imagens para a superfície, a identificação de objectos e a distinção de regiões, o que significa que a textura tem uma maior capacidade de discriminação para a caraterística de região. A informação sobre a forma tem como objetivo determinar e identificar diferentes regiões. Não utilizamos a informação de borda como assinatura de forma. Comparámos várias características de textura, incluindo a matriz de coocorrência, a estrutura da textura, o método espetral de frequência e o histograma de cinzentos através de experiências. Os resultados mostram que o histograma de cinzentos é a melhor escolha devido ao seu melhor desempenho e à sua adequação às necessidades de processamento de dados em grande escala. Utilizamos o histograma de cor como caraterística de cor. O vetor de características da região é uma combinação de características de textura e cor da região correspondente. As bolhas são geradas por um algoritmo de agrupamento como o k-means.

A proposta de refinamento de etiquetas com base em características espaciais utiliza o conjunto de dados de referência DUT-WEBV para o refinamento de etiquetas. O sistema anotou automaticamente os fotogramas-chave do vídeo, emitindo as 31 etiquetas do conjunto de dados que anotam a etiqueta, a informação sobre as bolhas, o vetor de características baseado na região de toda a coleção, que são armazenados na base de dados.

Se um utilizador submeter uma imagem de consulta, o módulo de anotação do sistema atribuirá determinadas anotações à imagem de consulta. O processo é o seguinte. Em primeiro lugar, o sistema extrai da imagem o vetor de características baseado na região. Em segundo lugar, traduz os vectores de características em IDs de bolhas. Em terceiro lugar, gera a anotação para a imagem de consulta utilizando o modelo de relevância. Em quarto lugar, se a pontuação das etiquetas for elevada, então o modelo espacial do vetor de características da imagem i é representado como relevante e visualmente semelhante. Em quinto lugar, o sistema recupera a imagem candidata em relação aos vectores de características da região da imagem consultada. Em sexto lugar, o sistema filtra as imagens candidatas recuperadas utilizando as anotações da consulta.

Finalmente, as N imagens de recuperação mais semelhantes são consideradas como imagens de recuperação final. Embora todas as imagens tenham sido segmentadas e as características tenham sido extraídas de cada região ao gerar bolhas no módulo de reposicionamento, o vetor de características baseado na região serve apenas para gerar bolhas e apenas algumas serão utilizadas em cada consulta, pelo que o sistema não armazena o vetor de características baseado na região. Depois de refinar as imagens resultantes de acordo com a semelhança das bolhas, o sistema segmenta cada uma das imagens resultantes refinadas em regiões e extrai o vetor de características baseado na região em linha. Aplicar k-means para gerar k clusters de forma adaptativa com k dependendo da imagem a ser processada. A coleção de pixels na mesma região forma uma região relativamente homogénea de cor e textura. Nas métricas de semelhança, a medição utiliza sempre a fórmula de mapeamento um-para-um, como a distância euclidiana, Minkowski, que só pode ser aplicada para medir a semelhança entre dois vectores com o mesmo tamanho. Mas para diferentes tamanhos de vectores de comparação, os métodos tradicionais não são adequados. A abordagem de refinamento de etiquetas proposta utiliza a distância dos deslocadores terrestres (EMD) como fórmula de semelhança para medir a semelhança de duas imagens descritas por um conjunto de pesos de vectores com tamanhos diferentes. A principal tarefa do cálculo da semelhança consiste em encontrar uma pontuação de fluxo entre os fotogramas-chave candidatos com etiquetas e as imagens em linha.

4.4 Experiências e resultados

Para avaliar a eficácia do método proposto, são comparados os seguintes algoritmos.

- Linha de base (Makadia et al. 2008), as etiquetas originais fornecidas pelos utilizadores (UT);
- Simple Label Transfer (SLT) (Makadia et al. 2008), os melhores resultados são obtidos utilizando K = 500 vizinhos;

- Learning Tag Relevance from Visual Neighbors (TR; Li Snoek et al), descrito na secção 3.2; mais uma vez, os melhores resultados são obtidos utilizando K = 500 vizinhos visuais;

- TagProp, Discriminative Metric Learning in Nearest Neighbor Models (TP), descrito na secção 3.2; os melhores resultados são obtidos definindo os pesos do modelo diretamente em função da distância.

A proposta de refinamento de etiquetas com base em características espaciais utilizando a abordagem de votação ponderada dinâmica efectua experiências no conjunto de dados DUT-WEBV. Foi efectuada em todo o conjunto de dados (ou seja, 25 000 imagens) e os resultados são apresentados na Tabela 4.3. Utiliza 15.000 imagens como conjunto de treino e 10.000 imagens como conjunto de teste. Por conseguinte, os resultados apresentados na Tabela 4.2 referem-se às pontuações F obtidas no conjunto de teste (como médias entre 10 divisões aleatórias de treino/teste). Deve notar-se que, nas experiências com 15 000 imagens como conjunto de treino, a queda de desempenho de cerca de 5 % para cada método se deve ao menor número de vizinhos visuais disponíveis para a propagação de etiquetas.

Em geral, a abordagem proposta de refinamento de etiquetas com base em características espaciais garante um desempenho superior em relação ao Learning Tag Relevance from Visual Neighbors (TR), o algoritmo de transferência simples de etiquetas de Makadia et al. (2008). O TagProp apresenta resultados muito semelhantes, mas exige mais custos computacionais e uma fase de aprendizagem que não permite a sua aplicação ao conjunto completo de dados. Estes resultados demonstram que os métodos do vizinho mais próximo para o número de k variando de 100 a 500 vizinhos mais próximos, quando aplicados ao refinamento de etiquetas, dão resultados comparáveis aos algoritmos mais complexos do estado da arte, embora tenham um custo computacional baixo. Os algoritmos complexos e computacionalmente intensivos, como o TRVSC e o LRES, permitem uma melhoria do desempenho de cerca de 2%, mas exigem uma nova formação se os conjuntos de dados mudarem. Os resultados recentes de Liu et al., obtidos utilizando diferentes características visuais (ou seja, 500-d BoW) para os descritores SIFT, confirmam a mesma tendência.

Não existe uma métrica de avaliação direta para a anotação automática de imagens. O desempenho da recuperação é avaliado por F, que é definido como 2*MAP*Recall / (MAP+Recall). MAP (Mean average Precision) é a média aritmética da precisão média, enquanto a recuperação é a percentagem de todas as imagens relevantes na base de dados de pesquisa que são recuperadas.

Para avaliar o algoritmo proposto, fizemos experiências com o conjunto de dados DUT-WEBV, que consiste numa coleção de vídeos da Web recolhidos do YouTube, emitindo 31 etiquetas como consultas. Os resultados obtidos com a nossa abordagem são comparados com o nosso método anterior, sem a caraterística SURF, e com os resultados do DUT-WEBV. Os resultados são apresentados na Tabela 4.1. As anotações obtidas com o algoritmo de refinamento têm um desempenho superior ao dos resultados anteriores e de base.

Tabela 4.1: Comparação com o (nosso anterior) TRL, TRL com caraterística espacial e DUT-WEBV

Etiqueta	**SF-TRL**	TRL	DUT
avião a voar	89.7	89.2	72.6
Aniversário	36.5	35.5	30.5
Explosão	88.3	87.3	65
Inundação	75.3	74.2	55
Motim	84.1	81.1	69.3
Vacas	75.9	75.2	58.1
Alimentação	46.2	45.5	41.6
jogador de golfe	75.4	74.3	38.6
Jornal	62.8	61.2	41.6
Fatos	53.9	53.2	42.5
Telefones	62.4	61.2	53.4

Camião	55.7	54.9	52.1
Basebol	93.9	93.1	66.9
Basquetebol	85.9	85.2	64.3
Aplaudir	98.3	97.9	58.2
Dançar	32.6	31.1	28.1
aperto de mão	48.4	47.2	44.7
entrevistas	73.2	72.1	61.8
Desfile	71.5	70.2	69.4
Em execução	66.3	65.2	45.5
Cantar	65.3	64.2	61.1
Futebol	85.7	83.3	76.3
natação	88.2	87.2	70.8
Andar a pé	57.4	56.5	43
Praia	86.9	85.9	70.5
Floresta	85.7	85.2	73.2
Montanha	63.5	62.9	57.4
cabina do avião	77.4	76.2	51.9
Aeroporto	82.3	81.4	70.1
estação de serviço	43.4	42.1	23.5
Autoestrada	74.1	73.6	58.5

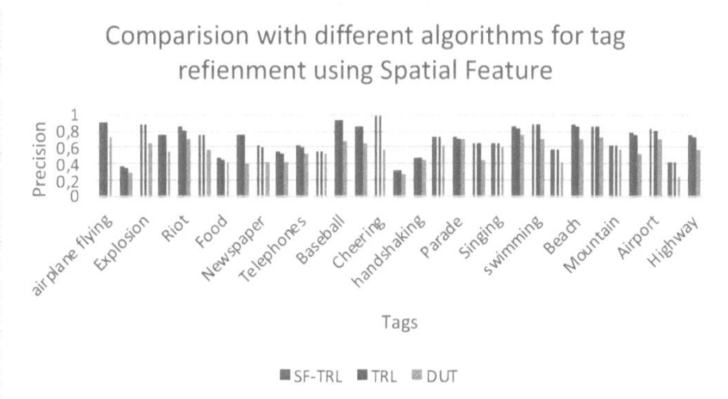

Figura 4.4. Comparação com diferentes algoritmos para refinamento de etiquetas utilizando características espaciais

Tabela 4.2. Pontuação da precisão para várias categorias comparadas nos diferentes algoritmos

Algoritmo	Eventos	Objectos	Actividades	Cenas	Sítios	média

SF-TRL	0.599	0.543	0.598	0.711	0.526	0.005954
TRL	0.665	0.582	0.663	0.773	0.648	0.006662
DUT	0.689	0.541	0.683	0.769	0.625	0.006614

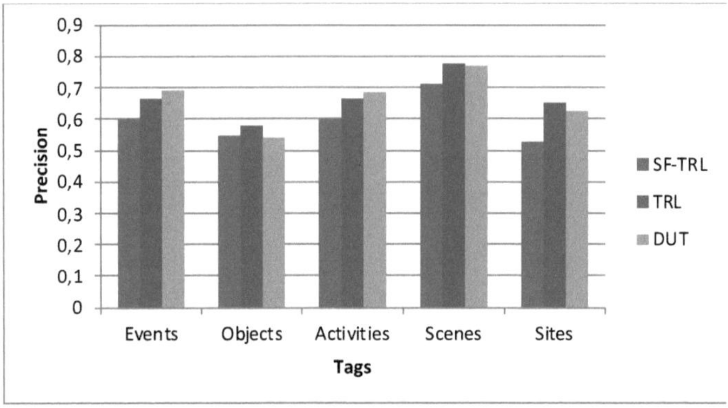

Figura 4.5. Pontuação da precisão para várias categorias comparada com os diferentes algoritmos

Tabela 4.3. Pontuação de recuperação para várias categorias comparadas nos diferentes algoritmos

Recall						
Algoritmo	eventos	objeto	actividades	cenas	sítios	média
SFTRL	0.543	0.489	0.408	0.601	0.69	0.005462
TRL	0.275	0.288	0.209	0.438	0.245	0.00291
DUT	0.258	0.265	0.184	0.419	0.266	0.002784

Tabela 4.4: Desempenho médio do F-Score comparado para refinamento e localização de etiquetas utilizando características espaciais com diferentes algoritmos

Algoritmos	UT	SLT	TR	TRL	SF-TRL
Macro F-Score	0.18	0.26	0.27	0.31	0.34
F-Score Micro	0.06	0.14	0.16	0.17	0.19

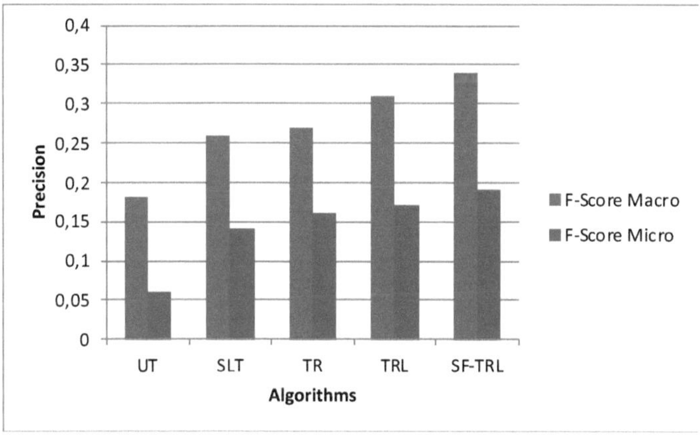

Figura 4.6. Desempenho médio do F-Score de diferentes algoritmos com características espaciais

4.5 Resumo e conclusão

O refinamento de etiquetas baseado em características espaciais proposto, com um algoritmo de votação ponderada dinâmica, refina as anotações e melhora a precisão da anotação. Melhora o desempenho da anotação relativamente a anotações mais rápidas quando comparado com outros algoritmos de anotação. Pode ser combinado com qualquer plataforma de recuperação para melhorar a exatidão da anotação. As etiquetas com classificações baixas podem ser consideradas para as enriquecer, removendo as etiquetas identificadoras e as etiquetas com ruído.

A abordagem proposta de refinamento de etiquetas com base em características espaciais compara-se favoravelmente com as abordagens mais complexas do estado da arte, exigindo muito menos computação. A abordagem proposta de refinamento de etiquetas com base em características espaciais apresenta um melhor desempenho do que as abordagens Tag Relevance e TagProp, facto que é visível nas medidas de pontuação F. A relevância das etiquetas é melhor do que a abordagem proposta em alguns casos, mas requer um passo de treino que pode nem sempre ser desejável. Uma vantagem da abordagem proposta é o facto de poder ser facilmente adaptada à transmissão de vídeo em linha. Uma vantagem importante da utilização de abordagens baseadas em dados é visível nos resultados apresentados na secção 4.4, em que esta classe de métodos foi testada no conjunto de dados DUT-WEBV mais vasto, enquanto as abordagens concorrentes foram aplicadas apenas a subconjuntos, obtendo resultados que são apenas marginalmente melhores. Por último, os resultados da análise das características espaciais das etiquetas dos utilizadores sugerem que a adição desta informação contextual pode melhorar os resultados da anotação.

Este capítulo apresenta um novo refinamento de etiquetas baseado em características espaciais utilizando votos ponderados dinâmicos. A abordagem proposta de refinamento de etiquetas baseada em características espaciais apresenta um desempenho robusto, independentemente dos vizinhos visuais mais próximos. O detetor de regiões baseado no hessiano, simples e computacionalmente eficiente, apresenta um desempenho superior ao desempenho médio das abordagens mais avançadas em anotações automáticas para as redes sociais em linha. Em particular, a abordagem de refinamento de etiquetas proposta é analisada com métodos de vizinhança mais próxima, uma vez que estes demonstraram um bom desempenho de reconhecimento e são também adequados para problemas de reconhecimento em grande escala.

Os resultados apresentam uma comparação dos métodos de refinamento de etiquetas para imagens sociais, utilizando os conjuntos de dados DUT-WEBV como referência para o refinamento e a localização de etiquetas, apresentando também uma análise temporal e uma caraterística espacial da utilização de etiquetas relativamente à sua presença noutros sinais sociais, como o Google Trends, e mostrando como este tipo de análise pode ser benéfico para um determinado número de classes de etiquetas. A abordagem proposta apresenta algumas extensões dos métodos do vizinho mais próximo para o refinamento de etiquetas para o problema da sugestão e localização de etiquetas em vídeos da Web, mostrando como estes métodos são mais flexíveis e adaptados a diferentes cenários.

No entanto, as etiquetas com classificações baixas não são consideradas, embora na prática as etiquetas do utilizador transmitam a conetividade contextual entre a etiqueta e o quadro-chave. Assim, a otimização das etiquetas com classificações baixas e a dispersão de erros é alargada no próximo capítulo.

Capítulo 5

Otimização baseada na consistência do conteúdo para refinamento de etiquetas

5.1 Introdução

Este capítulo descreve a otimização baseada na baixa classificação e na dispersão de erros para o refinamento das etiquetas, aprendendo a ligação entre as etiquetas de baixa classificação e as características semânticas visuais das vizinhanças. Tal como descrito na secção 4.5, as etiquetas com classificações baixas podem ser melhoradas com base na consistência do seu conteúdo e na correlação de etiquetas entre duas imagens semelhantes, com o objetivo de melhorar a qualidade das etiquetas. A anotação automática da imagem e do vídeo é um componente crucial para estimar as relações semânticas entre as etiquetas e a imagem ou o vídeo.

No passado recente, a partilha de meios digitais em linha representa um grande desafio para os métodos tradicionais nos sistemas de recuperação de multimédia (Barnard et al. 2003; Wong e Leung 2008; Makadia, Pavlovic, e Kumar 2010; Li et al. 2010; Yang, Jing e Ng 2015), que se baseiam em imagens de treino rotuladas manualmente e difíceis de escalar.

No entanto, estas etiquetas são frequentemente incompletas ou inexactas na descrição do conteúdo visual dos vídeos (Li, Tang et al. 2017). Ou seja, as etiquetas geradas pelo utilizador são fracamente supervisionadas e são ruidosas. Por conseguinte, é necessário enriquecer a qualidade das etiquetas, complementando as etiquetas relevantes refinadas e removendo as etiquetas irrelevantes e ruidosas, optimizando com base nas pontuações das classificações das etiquetas.

Da mesma forma, trabalhos recentes (Li, Snoek e Worring 2009; Zhu, Yan e Ma 2010; Qi et al. 2012; Wu, Jin e Jain 2013; Feng et al. 2014; Johnson, Ballan e Fei-

Fei 2015; Tang et al. 2016a; Li e Tang 2017) foram propostos para refinar as etiquetas de imagens sociais. A estimativa da relevância das etiquetas baseia-se no modelo de votação de vizinhos (Li, Snoek e Worring 2009). O modelo de baixa classificação é utilizado em (Zhu, Yan, Ma 2010), considerando a consistência semântica e a consistência visual, enquanto um espaço latente é revelado com base numa aproximação de baixa classificação para ligar as características visuais das imagens e das etiquetas em (Qi et al. 2012). A relevância entre imagens e etiquetas é estimada considerando a relação imagem-tabela observada e a informação visual em (Wu, Jin, and Jain 2013). Em Feng et al. (2014), são implementados dois tipos de reconstrução linear esparsa para o preenchimento de etiquetas. As redes neurais profundas são exploradas em (Johnson, Ballan e Fei-Fei 2015) para combinar informações visuais e encontrar a vizinhança utilizando metadados de imagens sociais. O trabalho proposto centra-se na otimização das etiquetas de baixa classificação e de dispersão de erros obtidas a partir de fotogramas-chave do vídeo e de imagens sociais para o refinamento das etiquetas, sendo que a maioria dos trabalhos se encontra em (Zhu, Yan e Ma 2010; Feng et al. 2014).

No entanto, estes trabalhos limitam-se a aprender a ligação entre o espaço de baixa classificação e a informação visual. Em contrapartida, o nosso trabalho de investigação proposto tenta otimizar e enriquecer a ligação entre a etiqueta com classificação baixa e a informação visual do vídeo para um melhor refinamento da etiqueta aprendida. Este capítulo descreve a otimização da etiqueta de vídeo baseada na classificação baixa com vizinhança visualmente semelhante na secção 5.2. Esta otimização baseia-se na consistência do conteúdo entre imagens visualmente semelhantes extraídas de metadados de redes sociais. A secção 5.3 discute a avaliação do desempenho da otimização de refinamento de etiquetas com base em low-rank e erro esparso em conjuntos de dados DUT-WEBV. É efectuada uma nova avaliação do desempenho da taxa de ruído para estes conjuntos de dados. Finalmente, a secção 5.4 apresenta um resumo e conclusões.

5.2 Refinamento de etiquetas no sentido de uma otimização baseada em esparsidade de erros e de baixo nível de classificação

O refinamento de etiquetas de vídeo proposto é formulado como uma abordagem de otimização baseada na consistência do conteúdo entre a semelhança visual e a semelhança semântica em imagens sociais em linha. Os resultados obtidos são encorajadores em termos de enriquecimento de etiquetas, embora o seu custo computacional seja elevado quando aplicado a aplicações em grande escala.

As etiquetas para os vídeos partilhados através das redes sociais apresentam uma propriedade de baixa classificação e, em geral, estão correlacionadas semanticamente no espaço semântico e aparecem em imagens em linha de forma síncrona (Zhu G, Yan S, Ma Y 2010). A matriz de erros das etiquetas é esparsa por duas razões: 1) as etiquetas anotadas são essencialmente esparsas em comparação com o número relativamente elevado de etiquetas e 2) os seres humanos partilham geralmente conceitos semânticos semelhantes e podem fornecer etiquetas razoavelmente exactas (Zhu G, Yan S, Ma Y 2010).

A consistência visual entre a semelhança visual e semântica em imagens sociais é utilizada por Liu D, et. al. (2011) para formular a tarefa de refinamento de etiquetas como um quadro de otimização, com base na factorização de matrizes não negativas limitadas (CNMF) de Liu Y, et al. (2009), que tenta maximizar a consistência e minimizar o desvio das etiquetas em relação às inicialmente fornecidas pelos utilizadores. Considerando que o pressuposto da consistência é principalmente aplicável a etiquetas relacionadas com o conteúdo, é utilizado um procedimento de filtragem baseado na rede de palavras para restringir o vocabulário de etiquetas dentro das etiquetas relacionadas com o conteúdo. O enriquecimento das etiquetas é efectuado tendo em conta as etiquetas da verdade terrestre e da rede de palavras. Este método é normalmente referido na literatura como refinamento de etiquetas baseado na consistência visual e semântica (TRVSC).

Liu, Yan & Hua et al. (2011b) propuseram uma expansão para os algoritmos de aprendizagem de múltiplos rótulos com um único grafo, através da aprendizagem de um vocabulário visual específico para cada etiqueta. Cada anotação recebe um gráfico de correlação que é utilizado para propagar a informação, reflectindo a relação particular entre imagens relativamente à etiqueta específica.

O método proposto por Zhu G, et al. (2010) baseia-se nos pressupostos de que as imagens visualmente semelhantes são marcadas de forma semelhante, de que as marcas estão frequentemente correlacionadas e interagem a nível semântico, de que o espaço semântico abrangido por todas as marcas pode ser aproximado por um subconjunto mais pequeno das mesmas e de que as marcas dos utilizadores são suficientemente precisas para que se possa assumir uma condição de esparsidade do erro para a matriz de marcas de imagens. O problema do refinamento de etiquetas como uma otimização é então transformado numa decomposição da matriz de etiquetas fornecida pelo utilizador numa matriz refinada de baixo grau e numa matriz de erros esparsa. Esta abordagem de refinamento de etiquetas é designada por aproximação de baixa classificação e esparsidade de erros (LRES).

Uma abordagem probabilística, baseada na típica factorização matricial probabilística (PMF), é proposta por Li Z, Liu J, et. al., (2010). onde alargam a formulação fundindo conjuntamente diferentes fontes de correlação, como a correlação imagem-identificador, a semelhança de imagens e a correlação de identificadores. Derivam dois conjuntos de factores latentes de baixa dimensão e prevêem novas anotações através da reconstrução das correlações imagem-identificador estimadas.

Recentemente, Sang et al. propuseram modelar conjuntamente as relações ternárias entre utilizadores, etiquetas e imagens empregando a factorização tensorial e utilizando a decomposição de Tucker para a inferência de factores latentes (RMTF). Uma vez que os modelos tradicionais de factorização utilizados nos sistemas de recomendação e de filtragem colaborativa não conseguem ter em conta as etiquetas em falta e com ruído, a abordagem é formulada como um problema de classificação para determinar qual a etiqueta relevante com a imagem integral dos quadros-chave obtidos a partir de vídeos para outras imagens. Assim, é introduzida uma semântica ternária para as etiquetas, que podem ser positivas (as atribuídas pelos utilizadores), negativas (etiquetas que são dissemelhantes e raramente ocorrem juntamente com etiquetas positivas) e neutras (todas as outras etiquetas).

Foram desenvolvidos muitos esforços para a investigação sobre o refinamento das etiquetas de imagens (Zhu G, Yan S, Ma Y 2010). Até à data, as características espaciais e o aspeto temporal das anotações sociais em linha são menos atraentes. No entanto, a extração de informações temporais de documentos pode melhorar várias aplicações de recuperação de informação, como o agrupamento de listas de ocorrências e a pesquisa exploratória. De facto, vários investigadores demonstraram que a informação temporal associada às consultas dos motores de busca (por exemplo, a frequência das palavras-chave da consulta ao longo do tempo) pode ser utilizada para prever tendências e comportamentos relacionados com a economia (como os pedidos de subsídio de desemprego) e a medicina (como as epidemias de gripe).

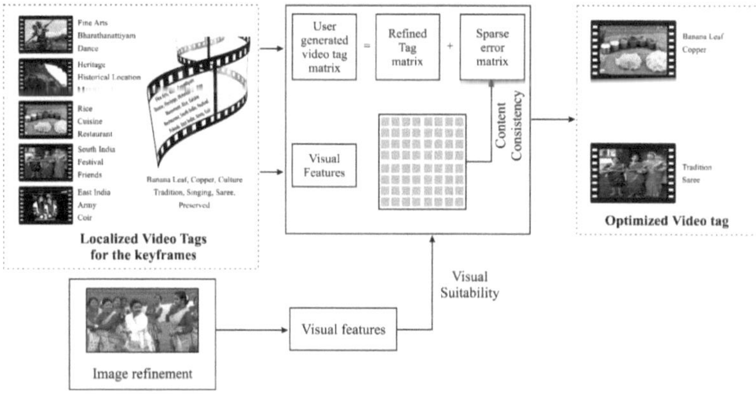

Figura 5.1. Arquitetura da otimização proposta (baseada em low-rank e error-sparsity para refinamento de etiquetas)

O refinamento de etiquetas proposto através da otimização revela a matriz intrínseca de baixa classificação, decompondo a matriz de relação entre keyframes e etiquetas de vídeo observada nos seus componentes esparsos e de baixa classificação. Embora as etiquetas geradas pelo utilizador sejam ruidosas e irrelevantes, o conteúdo visual do quadro-chave nos vídeos e as etiquetas estão correlacionados. No entanto, é necessário enriquecer a ligação semântica entre as etiquetas de baixa classificação e as imagens visuais correlacionadas para melhorar a qualidade das etiquetas existentes e encorajar a atribuição exacta de etiquetas a qualquer imagem que se aproxime. A Figura 5.1 mostra o quadro de otimização baseado em classificação baixa e esparsa para o refinamento de etiquetas.

5.2.1 Otimização da etiqueta de vídeo com base na consistência do conteúdo

As etiquetas com baixa classificação não são consideradas relevantes no processo de refinamento de etiquetas na secção 4.2 e são omitidas, mas podem ser reforçadas se o conteúdo de imagens visualmente semelhantes recuperadas das redes sociais for consistente. Rattenbury et al. compararam técnicas de análise de "rajadas" derivadas do processamento de sinais com um novo método para identificar eventos sociais nas redes sociais associadas, utilizando as etiquetas e a informação de geo-localização das imagens do Flickr.

Kim et al. propuseram utilizar a evolução temporal dos tópicos em colecções de imagens sociais para detetar surtos subtópicos e classificar imagens sociais com ruído. Neste trabalho, os autores utilizaram uma abordagem não-paramétrica em que a imagem é classificada. Além disso, Jia et al. (2008) propuseram um trabalho que é representado através de uma rede de similaridade, criada utilizando Sequential Monte Carlo, em que as imagens são os vértices e as arestas ligam as imagens temporalmente relacionadas e visualmente semelhantes. A dinâmica temporal das colecções de imagens sociais foi estudada por Kim et al. para melhorar a relevância da pesquisa no momento da consulta, abordando tanto as pesquisas de interesse geral como as personalizadas. Estes autores propõem um modelo estatístico unificado baseado na regressão multitarefa regularizada em processos pontuais multivariados, em que um fluxo de imagens é considerado como uma instância de um processo e é formulado um problema de regressão para aprender as relações entre as probabilidades de ocorrência de imagens e os factores temporais que as influenciam (por exemplo, estações do ano).

Como trabalho pioneiro, Jin et al. (2005) utilizaram a WordNet para estimar a correlação semântica entre as palavras-chave anotadas e remover as fracamente correlacionadas (Zhu G, Yan S, Ma Y 2010). No entanto, este método só pode alcançar um sucesso limitado, uma vez que ignora totalmente o conteúdo visual das imagens. Wang et al. (2010) propuseram uma abordagem baseada no conteúdo no âmbito da caminhada aleatória com reinício (RWR) para o refinamento da anotação de imagens, em que são consideradas a semelhança visual e a coocorrência de palavras condicionada às semelhanças visuais. Um trabalho semelhante foi proposto por Jia et al. (2008), em que as semelhanças textuais das etiquetas e as semelhanças visuais das imagens são fundidas num quadro de reforço multi-gráfico. Zhu G et al. (2010), Liu et al. (2009) propuseram classificar as etiquetas das imagens de acordo com a sua relevância em relação às imagens associadas através da semelhança das etiquetas e da semelhança das imagens num modelo de passeio aleatório. Em Xue et al. (2010) propuseram fazer o refinamento de etiquetas do ponto de vista da modelação de tópicos. Um novo modelo gráfico designado por regularized latent Dirichlet allocation (rLDA) é apresentado em conjunto com a similaridade de etiquetas e a relevância das etiquetas, propondo um modelo (Zhu G et al., 2010). Estes modelos baseiam-se na reclassificação utilizando a abordagem de remoção de etiquetas com ruído, que se concentra na seleção de um subconjunto coerente de palavras-chave a partir das palavras-chave anotadas automaticamente (Zhu G, Yan S et al. 2010). As etiquetas associadas a imagens e vídeos sociais são frequentemente imprecisas e parciais. Estes trabalhos não são, portanto, aplicáveis na abordagem direta dos problemas com etiquetas de imagem inferiores, o que é convincente para uma maior extensão do refinamento de etiquetas proposto como um quadro de otimização (Zhu G, Yan S et al. 2010).

Recentemente, o trabalho mais relacionado com a proposta de otimização de etiquetas de vídeo baseada no esquema de consistência de conteúdos é a versão melhorada proposta por Liu et al. (2011). Neste trabalho, os autores formularam o refinamento de etiquetas de imagem como uma estrutura de otimização baseada na consistência entre a semelhança visual e a semelhança semântica em imagens sociais (Zhu G, Yan S et al. 2010). Este algoritmo de otimização é uma abordagem iterativa que é aplicada para descobrir as etiquetas melhoradas que são atribuídas. Os resultados obtidos são encorajadores, mas têm um custo elevado quando aplicados a dados de grande escala. A computação de alto custo é escalável para aplicações em grande escala.

A consideração das etiquetas de baixa classificação após o processo de refinamento melhorará a qualidade das etiquetas refinadas para o vídeo específico. Os quadros-chave baseados no pressuposto da consistência do conteúdo, segundo o qual imagens visualmente semelhantes (Zhu G, Yan S et al. 2010) reflectem frequentemente temas semelhantes e, por conseguinte, são normalmente anotadas com etiquetas semelhantes (Li e Tang 2017), a consistência do conteúdo pode ser formulada da seguinte forma

Dadas duas imagens i_i e i_j estão associadas aos vectores de etiquetas t_i e $t_j$em que $\mathrm{t_i}$ e $t_j$são o i-e j-vectores coluna da matriz de etiquetas refinada Te, em seguida, calcula as semelhanças visuais entre as imagens. Seja $G = \{I, W\}$seja um grafo ponderado não direcionado com um conjunto de vértices I e a matriz de semelhança $W \in R^{n \times n}$. Cada elemento da matriz simétrica Wmede, para um par de vértices, a sua semelhança. No refinamento de etiquetas proposto, a otimização é definida com base em k-*vizinho* mais *próximo* (kNN)para a formulação da matriz de similaridade W.

$$W_{ij} = \begin{cases} exp\left(-||x_i - x_j||^2/\sigma^2\right) \; if \; j \in N_k(i) \; or \; i \in N_k(j) \\ 0 \qquad\qquad\qquad\qquad otherwise, \end{cases}$$

5.1

Onde N_k Representa o conjunto de índices para k vizinhos mais próximos de uma imagem medidos pela distância euclidiana. O refinamento de etiquetas proposto como abordagem de otimização define empiricamente k = 0.001n e σ como o valor mediano das entradas em W. Para resolver este problema, a matriz diagonal Pé definida do seguinte modo

$$P_{ij} = \sum_{j \neq i} W_{ij}, \forall_i$$

5.2

Em seguida, a consistência do conteúdo entre as imagens pode ser formulada através da resolução da seguinte otimização

$$\min_{A} \sum_{i=1}^{n} \sum_{j=1}^{n} \|x_i - x_j\|^2 W_{ij}$$

5.3

Seguindo as terminologias de incorporação de grafos na (Ref.19), esta formulação é considerada como um tipo de redução de dimensionalidade em que Apodem ser codificados como representações de baixa dimensão do conjunto de imagens I.

Com base na equação 5.3 e na equação 5.4, a operação de traço numa matriz pode ser escrita como

$$T(A) = Tr(A(P - W)A^T)$$

5.4

Onde Tr(.) representa a operação de traço na matriz.

Com base nas equações acima referidas, é proposto um novo modelo não negativo de baixa classificação para aprender melhor a relação entre os fotogramas-chave do vídeo e as etiquetas. Propõe-se um novo modelo não negativo de baixa classificação, fracamente supervisionado, para refinar as etiquetas e enriquecer a qualidade da etiquetagem das novas imagens. O modelo proposto liga a informação visual e as etiquetas semânticas de alto nível, o que melhora a precisão da recuperação de vídeos.

5.2.2 Otimização baseada na correlação de etiquetas para refinamento de etiquetas

À semelhança da formulação para a consistência do conteúdo da imagem, a proposta de otimização do refinamento das etiquetas constrói o item de regularização relativo à correlação entre as etiquetas da imagem (Zhu G, Yan S et al. 2010). A diferença em relação à consistência do conteúdo é que o gráfico k-NN para a correlação de etiquetas é construído pela semelhança de etiquetas (Zhu G, Yan S et al. 2010). A proposta de otimização do refinamento das etiquetas adopta um método baseado na concorrência para estimar a semelhança das etiquetas, que é análogo ao princípio da distância do Google. Começa por estimar a distância semântica *d(ti, tj)* entre as etiquetas *ti* e *tj* como *d(ti, tj) = max(log q(ti), log q(tj)) - log q(ti, tj) log R - min(log q(ti), log q(tj))*, em que *q(ti)* e *q(tj)* são os números de imagens que contêm a etiqueta *ti* e a etiqueta *tj*, respetivamente, e *q(ti, tj)* é o número de imagens que contêm ambas as etiquetas *ti* e *tj* para as imagens recuperadas. Estes números podem ser obtidos efectuando uma pesquisa "apenas etiquetas" no motor de busca de imagens Google utilizando as etiquetas como consultas (Zhu G, Yan S, Ma Y 2010). Para além disso, R é o número total de imagens recuperadas no Google image. De seguida, a semelhança semântica entre *ti* e *tj* na matriz *Wt* é definida empiricamente como o valor mediano das entradas (Zhu G, Yan S et al. 2010). À semelhança do caso da consistência do conteúdo, a abordagem proposta para a otimização das etiquetas de vídeo calcula a matriz diagonal Pt. O termo de regularização da correlação das etiquetas para refinamento é assim representado como *Tt(A) = Tr(AT (Pt -Wt)A)* (Zhu G, Yan S et al. 2010).

Com base nas definições dos termos relativos a low-rank, error sparsity e consistência do conteúdo, a função objetivo é reescrita da seguinte forma

$$\min \underset{A,E}{min} \|A\| + \lambda_1 \|E\| + \lambda_2 \{Tr\,(A^T(P^t - W^t\,)A\,)\} \quad 5.5$$

Sujeito a D=A+E

Os termos de regularização da consistência do conteúdo e da correlação das etiquetas propostos partilham o mesmo peso λ2 resultante da consideração do compromisso entre a eficiência da otimização e a precisão do desempenho (Zhu G,

Yan S, Ma Y 2010). Para resolver este problema, a otimização de refinamento de etiquetas proposta pode utilizar intuitivamente o método tradicional do multiplicador de Lagrange (Zhu G, Yan S et al. 2010). Finalmente, os cálculos gerados aumentarão intensamente.

5.3 Avaliação do refinamento da etiqueta com base na otimização low-rank, otimização de erros esparsos

Esta secção apresenta a avaliação da otimização proposta com base em erros esparsos e de baixo nível para o refinamento de etiquetas, em comparação com os vários métodos de refinamento de etiquetas do estado da arte no conjunto de dados DUT-WEBV publicamente disponível (Li, Yi, Guan, Zhang 2013) e em vídeos culturais indianos (Ref. meu artigo 1 Rajkumar, Kirubai 2018)

Para avaliar sistematicamente a eficácia do nosso algoritmo de refinamento de etiquetas de vídeo proposto, o sistema proposto efectuou experiências exaustivas em dois conjuntos de dados de imagens de grande volume: DUT-WEBV e NUS-WIDE-240K. Os conjuntos de dados DUT-WEBV e NUS-WIDE-240K são ambos recolhidos do sítio Web Flickr (Zhu G, Yan S, Ma Y 2010). O conjunto de dados NUS-WIDE-240K inclui um total de 269 648 imagens com 5 018 etiquetas únicas. Note-se que as etiquetas nas duas colecções acima referidas representam etiquetas com ruído e muitas delas são palavras mal escritas ou sem sentido. Por conseguinte, é efectuado um pré-processamento para filtrar estas etiquetas. A proposta faz corresponder cada etiqueta com entradas num tesauro da Wikipédia e só são removidas as etiquetas com coordenadas na Wikipédia onde se encontram outras etiquetas (Zhu G, Yan S, Ma Y 2010). Além disso, para evitar o problema da insuficiência da amostra na otimização, a proposta de otimização do refinamento das etiquetas remove ainda as etiquetas cujo número de ocorrências é inferior a 50. Consequentemente, foram obtidas 205 e 521 etiquetas únicas no total para DUT-WEBV e NUS-WIDE-240K, respetivamente (Zhu G, Yan S, Ma Y 2010). Para calcular as semelhanças visuais entre os fotogramas-chave e as imagens, é extraído de cada imagem um vetor de características de 428 dimensões como representação do conteúdo, incluindo características de momento de cor em blocos de 225 dimensões geradas a partir de uma partição fixa de 5 por 5 na imagem, características de textura wavelet de 128 dimensões e características de histograma de distribuição de bordos de 75 dimensões (Zhu G, Yan S, et al. 2010; Liu D, Yan S, et al. 2011; Wang J, Zhou J, et al. 2014; Liu X, Hua X.S, et al. 2009). Para avaliar o desempenho do refinamento das etiquetas, o sistema proposto é avaliado em 31 etiquetas no DUT-WEBV e 81 etiquetas no NUS-WIDE-240K, em que foram fornecidas as anotações de base destas etiquetas (Cheng W, Wang X, 2011). A pontuação F, que foi amplamente utilizada como métrica de avaliação do refinamento das etiquetas, é calculada para medir os resultados do refinamento de cada etiqueta e a média é apresentada na tabela para a avaliação final.

Nas experiências, os conjuntos de dados DUT-WEBV e NUS-WIDE-240K foram ambos utilizados para avaliar o desempenho do refinamento de etiquetas. Além disso, o DUT-WEBV é utilizado para a avaliação sistemática do desempenho do refinamento em relação à taxa de ruído (Wang J, Zhou J, et al, 2014; Cheng W, Wang X, 2011), nomeadamente para estudar, pelo menos, qual a percentagem de etiquetas que é necessário anotar para que as etiquetas sejam razoavelmente refináveis, o que constitui um índice importante para o refinamento de etiquetas/anotações.

Com base na análise e dedução supramencionadas, a otimização do refinamento de etiquetas proposta resume o procedimento de refinamento de etiquetas através do método do gradiente proximal acelerado no Algoritmo 2 (Zhu G, Yan S, Ma Y 2010; Liu X, Hua X.S, et al. 2009). Para acelerar a taxa de concordância, a abordagem proposta varia μ no procedimento, partindo de um valor inicial elevado $\mu 0$ e diminuindo-o geometricamente em cada iteração até atingir o piso $\bar{\mu}$, em vez de aplicar diretamente o algoritmo do gradiente proximal (Zhu G, Yan S, Ma Y 2010; Liu

X, Hua X.S, et al. 2009) . A proposta de otimização do refinamento das etiquetas permite reduzir significativamente o número de iterações e, consequentemente, o número de cálculos da SVD. O facto de uma etiqueta não estar associada a uma imagem na matriz de etiquetas fornecida pelo utilizador não implica simplesmente que seja definitivamente irrelevante devido à falta de etiquetas (Zhu G, Yan S, Ma Y 2010; Liu X, Hua X.S, et al. 2009). Assim, é normal reinicializar D através de um simples passo de propagação de etiquetas antes do refinamento das etiquetas. As etiquetas fornecidas pelo utilizador para cada imagem são propagadas com base nos seus k vizinhos mais próximos, medidos por semelhança visual através de características visuais. Dada a imagem xi e o seu vetor de etiquetas pi, em que o elemento pij = 1 significa que a etiqueta está associada à imagem, ao passo que pij = 0 se a etiqueta não estiver associada ao conjunto de imagens k-NN, é denotado na matriz. Note-se que x_i = xi significa que a própria imagem xi é referida. A matriz de baixo nível A é o resultado final do refinamento, em que cada entrada produz a pontuação de confiança para uma etiqueta associada ao quadro-chave do vídeo (Zhu G, Yan S, Ma Y 2010). Para identificar as etiquetas de imagem definitivas, a abordagem proposta classifica as etiquetas de cada imagem com base nas suas pontuações de confiança e, em seguida, retém as m melhores (por exemplo, m = 5) para serem as etiquetas refinadas associadas a uma determinada imagem (Zhu G, Yan S, Ma Y 2010). Para demonstrar sistematicamente a eficácia da abordagem proposta para a otimização do refinamento das etiquetas, foram realizadas experiências exaustivas em dois conjuntos de dados de imagens de grande volume: DUTWEBV- 25K e NUS-WIDE 240K. Os conjuntos de dados DUT-WEBV-25K e NUS-WIDE 240K são ambos recolhidos do Google e do site de partilha social YouTube. O conjunto de dados DUT-WEBV contém 25 000 imagens com 1 386 etiquetas. O conjunto de dados NUS-WIDE-240K inclui um total de 269.648 imagens com 5.018 etiquetas únicas (Zhu G, Yan S, Ma Y 2010; Liu X, Hua X.S, et al. 2009). Note-se que as etiquetas nas duas colecções acima referidas são bastante ruidosas e muitas delas são erros ortográficos ou palavras sem sentido (Zhu G, Yan S, Ma Y 2010; Liu X, Hua X.S, et al. 2009). As etiquetas são filtradas na fase de pré-processamento. O sistema proposto faz corresponder cada etiqueta com entradas num tesauro da Wikipédia e as etiquetas com consistência na Wikipédia foram retidas (Zhu G, Yan S, Ma Y 2010). Além disso, para evitar o problema da insuficiência da amostra na otimização, retirámos ainda as etiquetas cujo número de ocorrências era inferior a 50 (Zhu G, Yan S, Ma Y 2010). Consequentemente, foram obtidas 205 e 521 etiquetas únicas no total para o MIRFlickr-25K e o NUS-WIDE 240K, respetivamente.

5.3.1 Avaliação do desempenho em conjuntos de dados DUT-WEBV

Nesta secção, a proposta demonstra a propriedade de convergência do processo de otimização. Os resultados do F-Score Micro e Macro são apresentados em termos do valor da função objetivo e do desempenho do refinamento (F-score) em função dos tempos de iteração (Zhu G, Yan S, Ma Y 2010). Os resultados em pormenor são apresentados na Figura 5.2. A coincidência para 30 iterações é observada na Figura 5.2. O parâmetro de relaxamento μ está marcado com 1,0 para evitar os efeitos da variação de μ no Algoritmo 2. A Figura 5.2(b) mostra o desempenho do refinamento das etiquetas de vídeo em cada iteração. Mostra-se que o Fscore aumenta progressivamente à medida que a iteração se sucede, de modo a obter um resultado adequado. Foram identificados os três algoritmos de base a estudar:

- Etiquetagem do utilizador (UT; Makadia. A, et al. 2008): ou seja, as etiquetas originais fornecidas pelo utilizador.
- Random walk with restarts (RWR; Moxley E, Mei T, et al, 2010; Tang J, Chen Q, et al, 2013): o algoritmo de refinamento de etiquetas baseado em random walk with restarts proposto.

- Refinamento de etiquetas com base na consistência visual e semântica (TRVSC; Liu X, Hua X.S, et al. 2009): o algoritmo de refinamento de etiquetas baseado na consistência visual e semântica proposto.

O RWR e o TRVSC são os dois algoritmos mais avançados para a tarefa de refinamento de etiquetas. Além disso, comparámos o desempenho da nossa abordagem com diferentes combinações de termos de regularização: 1) apenas baixa classificação e dispersão de erros (LR ES), 2) baixa classificação, dispersão de erros e consistência de conteúdo (LR ES CC), 3) baixa classificação, dispersão de erros e correlação de etiquetas (LR ES TC) e 4) todos os termos de regularização (LR ES CC TC). A Figura 3 mostra os desempenhos detalhados do refinamento de imagens para etiquetas individuais entre a nossa abordagem proposta e as linhas de base. A partir da Figura 5.2, observa-se que o desempenho do refinamento de etiquetas da nossa abordagem é muito superior ao das etiquetas fornecidas pelo utilizador, dos algoritmos RWR e TRVSC. A Tabela 5.1 apresenta ainda os desempenhos médios medidos pela pontuação F para diferentes esquemas de refinamento de etiquetas.

Tabela 5.1. Comparação da pontuação F do desempenho médio na otimização do refinamento de etiquetas com etiquetas de baixa classificação e dispersão de erros em diferentes algoritmos

Pontuação F	**UT**	**RWR**	**TRVSC**	**LRES**	**LRES-CC**	**O-TRL**
	0.18	0.338	0.412	0.423	0.465	0.51

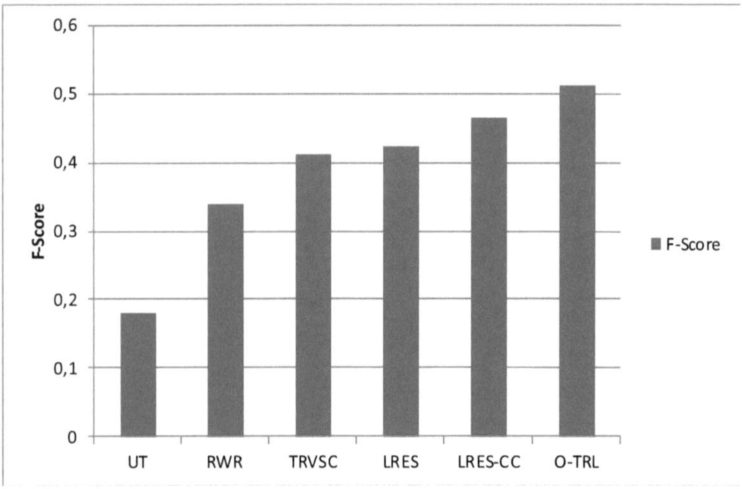

Figura 5.2 : Comparação da pontuação F do desempenho médio na otimização do refinamento de etiquetas com etiquetas de baixa classificação e dispersão de erros em diferentes algoritmos.

As experiências foram realizadas na plataforma Matlab numa máquina de servidor com dois processadores Intel Xenon quad-core de 3,0 GHz e 32 GB de RAM (Zhu G, Yan S, Ma Y 2010). A nossa abordagem proposta (aqui refere-se a LR ES CC TC, note-se que as quatro versões da nossa abordagem proposta com diferentes combinações de termos de regularização são bastante semelhantes em termos de custo computacional) custou apenas 1 hora, enquanto, em contraste, o algoritmo RWR custou quase 22 horas e o TRVSC consumiu mais de 9 horas (Zhu G, Yan S, Ma Y 2010). Estes resultados podem ser explicados através da análise dos pormenores dos diferentes algoritmos. No caso do algoritmo RWR, é necessário calcular uma grande quantidade de matrizes de semelhança visual condicionadas por todas as etiquetas de cada imagem em relação a todas as outras imagens, o que exige um grande esforço de computação (Zhu G, Yan S, Ma Y 2010). O algoritmo TRVSC necessita igualmente de efetuar uma otimização intensiva durante o procedimento de refinamento, cuja complexidade algorítmica é de O (mn2), sendo m e n o número total de etiquetas e imagens, respetivamente (Zhu G, Yan S, Ma Y 2010). No entanto, para a nossa abordagem, o principal estrangulamento computacional é a SVD necessária em cada iteração, e o custo computacional é inferior ao da RWR e da TRVSC (Zhu G, Yan S, Ma Y 2010). Além disso, para o passo de limiarização do valor singular em cada iteração, observa-se que o cálculo completo da SVD nem sempre é necessário, especialmente nas primeiras iterações, quando μk é bastante grande. Pode utilizar-se uma SVD parcial para acelerar o procedimento de otimização, pelo que o custo computacional pode ser significativamente reduzido.

A figura 5.2 mostra ainda os resultados do refinamento de etiquetas para algumas imagens exemplares produzidas pela nossa abordagem proposta. Pode ver-se que a nossa abordagem proposta pode efetivamente corrigir e enriquecer as etiquetas de imagem imprecisas e incompletas. Por exemplo, apenas a etiqueta "arquitetura" está relacionada com o conteúdo da imagem, enquanto as outras etiquetas são anotadas pelos utilizadores com as suas intenções pessoais. Após o refinamento das etiquetas, as etiquetas pouco relacionadas são removidas e as etiquetas mais próximas, por exemplo, "edifício" e "casa", são enriquecidas tendo em conta a consistência do conteúdo e a correlação das etiquetas. Além disso, a capacidade de enriquecimento do nosso algoritmo proposto pode ser particularmente vista na Figura 5.2, onde apenas uma etiqueta está associada a cada imagem como anotações originais, e as etiquetas incompletas são finalmente enriquecidas pela nossa estratégia de refinamento proposta (Zhu G, Yan S, Ma Y 2010).

O NUS-WIDE 240K é um dos conjuntos de dados de imagens em grande escala mais representativos (Zhu G, Yan S, Ma Y 2010). A avaliação neste conjunto de dados permite não só verificar o desempenho do algoritmo, mas também verificar a eficiência da abordagem proposta em conjuntos de dados de grande escala (Zhu G, Yan S, Ma Y 2010). Nesta avaliação, a estratégia de refinamento de etiquetas proposta é comparada apenas em diferentes configurações de otimização, uma vez que os algoritmos RWR e TRVSC existentes são difíceis de implementar em conjuntos de dados de grande escala devido às suas percepções de computação intensiva acima referidas. A duração do refinamento no NUS-WIDE 240K é de cerca de 6 horas para a nossa abordagem proposta (LR ES CC TC). Isto demonstra que o procedimento iterativo baseado na APG é eficiente para a otimização (Zhu G, Yan S, Ma Y 2010). A Figura 5 mostra os resultados detalhados do refinamento de etiquetas para etiquetas individuais. A pontuação F média para todas as etiquetas é apresentada na Figura 5.2. O algoritmo de base UT é avaliado com base nos resultados iniciais de etiquetagem fornecidos pelo utilizador (Zhu G, Yan S, Ma Y 2010). A Figura 6 apresenta algumas imagens exemplares com as suas etiquetas iniciais e as etiquetas refinadas. Estes exemplos demonstram a capacidade da nossa abordagem proposta num conjunto de dados de imagens em grande escala. A partir da Figura 5.2, podemos ver que as etiquetas imprecisas (por exemplo, rapariga, excelência e sigma) são removidas pelo refinamento das etiquetas. Na Figura, as etiquetas não utilizadas (por exemplo, céu, noite, pessoas e retrato) são enriquecidas. A partir destes resultados, observamos particularmente que a abordagem de refinamento de etiquetas proposta é capaz de anotação automática de imagens. Existem cerca de 25 mil imagens sem qualquer etiqueta inicial na coleção de dados NUS-WIDE 240K.

O NUS-WIDE-240K é um dos conjuntos de dados de imagens em grande escala mais representativos (Zhu G, Yan S, Ma Y 2010). A avaliação neste conjunto de dados permite não só verificar o desempenho do algoritmo, mas também verificar a eficiência da abordagem proposta em conjuntos de dados de grande escala (Zhu G, Yan S, Ma Y 2010). Esta avaliação da abordagem proposta para o refinamento de etiquetas de vídeo compara apenas o desempenho da estratégia de refinamento de etiquetas proposta em diferentes configurações de otimização, uma vez que os algoritmos RWR e TRVSC existentes são difíceis de implementar em conjuntos de dados de grande escala devido às suas percepções de computação intensiva acima referidas. A duração do refinamento no NUS-WIDE 240K é de cerca de 6 horas para a nossa abordagem proposta (LR ES CC TC) (Zhu G, Yan S, Ma Y 2010). Isto demonstra que o procedimento iterativo baseado na APG é eficiente para a otimização. A Figura 5 mostra os resultados detalhados do refinamento de etiquetas para etiquetas individuais e a Tabela 5.1 resume a pontuação F média para todas as etiquetas. O algoritmo de base UT é avaliado com base nos resultados iniciais de etiquetagem fornecidos pelo utilizador (Zhu G, Yan S, Ma Y 2010). A Figura 6 mostra algumas imagens exemplares com as suas etiquetas iniciais e as etiquetas refinadas. Estes exemplos demonstram a capacidade da nossa abordagem proposta num conjunto de dados de imagens em grande escala (Zhu G, Yan S, Ma Y 2010).

5.3.2Avaliação do desempenho do refinamento em relação à taxa de ruído

Nesta secção, a avaliação sistémica da capacidade de refinamento das etiquetas da nossa abordagem proposta com diferentes taxas de ruído das etiquetas visa descobrir o ponto de rutura, em que o desempenho do refinamento das etiquetas diminuirá significativamente (Zhu G, Yan S, Ma Y 2010). Os pontos de rutura motivam o utilizador a fornecer uma quantidade adequada de etiquetas, de modo a que as etiquetas razoavelmente exactas possam ser recuperadas por algoritmos de refinamento de etiquetas. As experiências foram efectuadas pelos algoritmos de refinamento de etiquetas propostos, que são relativamente mais eficientes e eficazes no conjunto de dados DUT-WEBV, juntamente com as suas etiquetas, e utilizaram um conjunto de dados de vídeos culturais indianos.

Designar a matriz de associação de etiquetas binárias a partir da verdade terrestre por Dg (Zhu G, Yan S, Ma Y 2010). A abordagem de refinamento de etiquetas proposta para reduzir o ruído de diferentes taxas é a seguinte. Suponhamos que Dg tem N1 entradas de valor 1 e N0 entradas de valor 0, e que a matriz de etiquetas correspondente fornecida pelo utilizador é designada por Du (Zhu G, Yan S, Ma Y 2010). Com base em Dg e Du, podemos calcular duas estatísticas TF1→0 e FT0→1 (Zhu G, Yan S, Ma Y 2010). TF1→0 é o número de entradas com valor 1 em Dg e com valor 0 em Du, e FT0→1 representa o número de entradas com valor 0 em Dg e com valor 1 em Du (Zhu G, Yan S, Ma Y 2010). Em seguida, podem ser utilizadas duas estatísticas para calcular o rácio de dois tipos de erros na etiquetagem humana. Para uma dada taxa ($0 \leq \alpha \leq 1$) de ruído, começamos por selecionar aleatoriamente N1→0 = αN1 entradas cujos valores são alterados de 1 para 0. Em seguida, N0→1 = FT0→1 TF1→0 N1→0 entradas com valor 0 são seleccionadas aleatoriamente e ajustadas como 1.

A abordagem de refinamento de etiquetas proposta é então efectuada na matriz de etiquetas com ruído. O desempenho do refinamento das etiquetas em relação a diferentes taxas de ruído. A partir destes resultados, podemos observar que o refinamento de etiquetas melhora geralmente a qualidade das etiquetas em comparação com a matriz de etiquetas com ruído. Ao aumentar a taxa de ruído, o desempenho do refinamento das etiquetas degrada-se gradualmente, e este fenómeno é detalhado através do cálculo da curva dos valores absolutos dos gradientes de degradação. O gradiente de degradação gi é definido como gi = ri - ri+1, em que ri e ri+1 são o desempenho de refinamento (valor F-score) contra a i-ésima e a (i+1)-ésima configurações de taxas de ruído. Conclui-se que a abordagem proposta é robusta ao ruído quando se aumenta a taxa de ruído de 0,1 para 0,8. Quando α é aumentado para mais de 0,8, o gradiente de degradação aumenta significativamente, o que se situa exatamente no ponto de rutura assinalado na Figura 7(b). Este ponto de rutura significa que, dado que o rácio dos dois tipos de erros de etiquetagem é fixo, é necessário que pelo menos cerca de 20% das etiquetas estejam corretamente etiquetadas se se espera obter um desempenho razoavelmente bom na tarefa de refinamento das etiquetas.

5.4 Resumo e conclusão

A otimização proposta com baixo nível de classificação e dispersão de erros para o refinamento de etiquetas apresenta melhorias no desempenho quando comparada com o algoritmo mais avançado. Em dois casos, a abordagem proposta pode ser melhorada: em primeiro lugar, o vizinho mais próximo em comparação com as redes neuronais de convolução; em segundo lugar, as etiquetas na primeira iteração devem ter um conteúdo consistente e ser visualmente semelhantes. Experiências exaustivas em conjuntos de dados de imagens de grande escala, NUS-WIDE 240k e DUT-WEBV, respetivamente, demonstram bem a eficácia e eficiência do algoritmo proposto.

No futuro, o sistema proposto pode centrar-se nos seguintes aspectos. Em primeiro lugar, devem ser integradas no quadro atual características visuais mais eficazes para medir a consistência do conteúdo da imagem. Em segundo lugar, deve ser explorado um procedimento de otimização iterativo mais eficiente, de modo a que o algoritmo proposto possa funcionar com um volume de imagens ainda maior.

Capítulo 6

Conclusão

No passado recente, a anotação automática de vídeo tem sido um dos tópicos mais difíceis na visão computacional e na recuperação de multimédia. A invasão das redes sociais em linha mostra a exploração extensiva de serviços de média partilhados, como o YouTube e o Facebook, e permite que os seus utilizadores anotem o conteúdo sem conhecerem o objetivo da anotação. No entanto, embora os dados visuais sejam o maior componente do mundo digital, ainda faltam métodos computacionais eficazes para dar sentido a todos esses metadados. Por conseguinte, a incorporação da anotação social gerada pelo utilizador, que pode ser aproveitada para anotar automaticamente a multimédia, é o fator que nos conduziu a este trabalho de investigação. Os capítulos anteriores deste trabalho de investigação estudaram as deficiências dos métodos existentes e, em conformidade, propuseram e investigaram o algoritmo de refinamento de etiquetas, melhorando-o através da adição de características espaciais e de votos ponderados dinâmicos e optimizando o low-rank com a dispersão de erros. Neste capítulo, concluímos a nossa investigação fornecendo um resumo das técnicas recomendadas, os resultados experimentais e algumas propostas de trabalho futuro com base nas limitações do nosso trabalho de investigação.

6.1 Resumo da tese

Esta tese apresentou o desenvolvimento e a melhoria de um sistema de localização e refinamento de etiquetas que gera uma anotação automática de vídeo com base em anotações sociais, características temporais e espaciais do vídeo, aprendendo a semelhança visual e a consistência do conteúdo entre o quadro-chave do vídeo e as etiquetas online do utilizador. Embora vários métodos de refinamento de etiquetas tenham sido sugeridos por investigadores nos últimos anos, uma análise dos estudos existentes revelou que o foco principal tem sido atribuído às anotações sociais geradas pelos utilizadores online e à sua relevância entre o conteúdo e a anotação. Neste contexto, tentámos abordar o problema do refinamento e da localização de etiquetas explorando as anotações sociais, a semelhança visual, a consistência do conteúdo, a consistência temporal e a caraterística espacial. A secção seguinte apresenta uma visão geral dos capítulos da tese.

Uma nova abordagem de refinamento e localização de etiquetas baseada na consistência temporal foi proposta no capítulo 3 para refinar as etiquetas de vídeo e localizá-las nos fotogramas-chave relevantes. Na nossa abordagem, se o vizinho mais próximo for superior a 500 para qualquer refinamento de etiqueta candidata, então, se a medida de relevância inicial for elevada, o sistema faz anotações com elevada precisão. Caso contrário, o algoritmo refina as restantes etiquetas, deixando algumas etiquetas que podem ser adicionadas ao requisito no contexto, esperando que as etiquetas geradas pelo utilizador sejam de alguma forma relevantes para o conteúdo. A abordagem proposta foi avaliada no conjunto de dados DUT-WEBV e no conjunto de dados culturais indianos e o desempenho da abordagem de refinamento e localização de etiquetas é comparado com os algoritmos mais avançados, tendo os resultados obtidos através da medida F-score confirmado a eficácia do nosso sistema.

No capítulo 4, foi proposto um novo refinamento de etiquetas baseado em características espaciais, utilizando votos ponderados dinâmicos, para a anotação automática de vídeos. Nesta abordagem improvisada de refinamento de etiquetas com base em características espaciais, são extraídas características locais e globais de uma imagem integral e é calculada a semelhança visual juntamente com a consistência do conteúdo. A abordagem é simples e os cálculos são menores e envolve um detetor de bolhas baseado na região dentro do quadro-chave para anotar automaticamente o vídeo, o que mostra a robustez da nossa abordagem. Os resultados de experiências exaustivas mostram que a abordagem melhora o desempenho em relação à abordagem de base anterior. A avaliação é efectuada no conjunto de dados de referência DUT-WEBV para refinamento e localização de etiquetas.

No capítulo 5, é proposta e apresentada uma otimização para as etiquetas de baixa classificação e a consistência do conteúdo para o refinamento das etiquetas. Inicialmente, as etiquetas que foram excluídas em iterações anteriores e as etiquetas com classificações baixas são optimizadas, confiando que as etiquetas geradas pelo utilizador podem interligar o significado contextual e a conetividade coerente do vídeo. ...

6.2 Trabalho futuro

No futuro, o enriquecimento de etiquetas pode ser feito para melhorar a informatividade, o que ajuda a estudar a influência afectiva do conteúdo multimédia. No futuro, o sistema proposto pode centrar-se nos seguintes aspectos. Em primeiro lugar, podem ser integradas no quadro atual características visuais mais eficazes para medir a coerência do conteúdo da imagem. Pode ser melhorado para calcular a relevância das etiquetas com redes neurais de convolução em vez do vizinho mais próximo. Em segundo lugar, os algoritmos de visão computacional para a extração de características podem ser melhorados. Em terceiro lugar, as técnicas de aprendizagem automática que permitem anotações sociais corporativas podem ser reforçadas de modo a anotar automaticamente os multimédia. Em quarto lugar, o processamento de metadados dos meios de comunicação social, como o enriquecimento de etiquetas e a previsão de etiquetas, abrirá um novo caminho para melhorar a anotação automática de vídeos.

BIBLIOGRAFIA

Baeza-Yates, R., & Ribeiro, B. D. A. N. (2011). Modern information retrieval. New York: ACM Press; Harlow, Inglaterra: Addison-Wesley.

Ballan, L., Bertini, M., Del Bimbo, A., & Serra, G. (2011, novembro). Enriquecendo e localizando tags semânticas em vídeos da internet. Em Proceedings of the 19th ACM international conference on Multimedia (pp. 1541-1544). ACM.

Ballan, L., Bertini, M., Del Bimbo, A., Meoni, M., & Serra, G. (2010, outubro). Sugestão e localização de tags em vídeos gerados pelo utilizador com base no conhecimento social. Em Proceedings of second ACM SIGMM workshop on Social media (pp. 3-8). ACM.

Ballan, L., Bertini, M., Uricchio, T., & Del Bimbo, A. (2015). Abordagens baseadas em dados para marcação de imagens e vídeos sociais. Ferramentas e aplicações multimédia, 74(4), 1443-1468.

Ballan, L., Uricchio, T., Seidenari, L., & Del Bimbo, A. (2014, abril). Um modelo cross-media para anotação automática de imagens. Em Proceedings of International Conference on Multimedia Retrieval (p. 73). ACM.

Bertini, M., Del Bimbo, A., & Torniai, C. (2006, outubro). Anotação automática e recuperação semântica de sequências de vídeo utilizando ontologias multimédia. In Proceedings of the 14th ACM international conference on Multimedia (pp. 679-682). ACM.

Cao, X., Wei, X., Han, Y., Yang, Y., Sebe, N., & Hauptmann, A. (2013). Aprendizagem unificada de dicionário e marcação de região com representação esparsa hierárquica. Computer Vision and Image Understanding, 117(8), 934-946.

Chen, X., Mu, Y., Yan, S., & Chua, T. S. (2010, outubro). Efficient large-scale image annotation by probabilistic collaborative multi-label propagation. In Proceedings of the 18th ACM international conference on Multimedia (pp. 35-44). ACM.

Chua, T. S., Tang, J., Hong, R., Li, H., Luo, Z., & Zheng, Y. (2009, julho). NUS-WIDE: uma base de dados de imagens da web do mundo real da Universidade Nacional de Singapura. In Proceedings of the ACM international conference on image and video retrieval (p. 48). ACM.

Das, M., Das, G., & Hristidis, V. (2011, agosto). Leveraging collaborative tagging for web item design. In Proceedings of the 17th ACM SIGKDD international conference on Knowledge discovery and data mining (pp. 538-546). ACM.

Dhanaraj, K., & Kannan, R. (2018). Uma revisão do estado da arte: Uma pesquisa sobre técnicas de marcação multimédia.

Di Salvo, R., Giordano, D., & Kavasidis, I. (2013, julho). Uma abordagem de crowdsourcing para apoiar a anotação de vídeo. Em Proceedings of the International Workshop on Video and Image Ground Truth in Computer Vision Applications (p. 8). ACM.

Fan, J., Gao, Y., & Luo, H. (2004, outubro). Anotação multinível de cenas naturais utilizando componentes de imagem dominantes e conceitos semânticos. Em Proceedings of the 12th annual ACM international conference on Multimedia (pp. 540-547). ACM.

Fan, J., Shen, Y., Yang, C., & Zhou, N. (2011). Aprendizagem estruturada de margem máxima para formação de classificadores inter-relacionados e anotação de imagens com vários rótulos. IEEE transactions on image processing, 20(3), 837-854.

Ghinea, G., Kannan, R., & Kannaiyan, S. (2014). Subespaço PCA baseado em orientação gradiente para reconhecimento de rosto novo. IEEE Access, 2, 914-920.

Guillaumin, M., Mensink, T., Verbeek, J., & Schmid, C. (2009, setembro). Tagprop: Aprendizagem métrica discriminativa em modelos de vizinhos mais próximos para auto-anotação de imagens. Em Computer Vision, 2009 IEEE 12th International Conference on (pp. 309-316). IEEE.

Huiskes, M. J., & Lew, M. S. (2008, outubro). The MIR flickr retrieval evaluation. In Proceedings of the 1st ACM international conference on Multimedia information retrieval (pp. 39-43). ACM.

Huiskes, M. J., Thomee, B., & Lew, M. S. (2010, março). Novas tendências e ideias na deteção de conceitos visuais: a iniciativa de avaliação da recuperação do MIR flickr. In Proceedings of the international conference on Multimedia information retrieval (pp. 527-536). ACM.

Huron, S., Isenberg, P., & Fekete, J. D. (2013, setembro). PolemicTweet: Anotação e análise de vídeo através de tweets marcados. Na Conferência IFIP sobre Interação Humano-Computador (pp. 135-152). Springer, Berlim, Heidelberg.

Ivanova, K., Stanchev, P., Velikova, E., Vanhoof, K., Depaire, B., Kannan, R., ... & Markov, K. (2012). Recursos para classificação de pinturas artísticas com base na quantização vetorial de descritores mpeg-7. Em Engenharia e Gestão de Dados (pp. 146-153). Springer, Berlim, Heidelberg.

Jeon, J., Lavrenko, V., & Manmatha, R. (2003, julho). Anotação e recuperação automáticas de imagens utilizando modelos de relevância multimédia. In Proceedings of the 26th annual international ACM SIGIR conference on Research and development in informaion retrieval (pp. 119-126). ACM.

Jin, X., Gallagher, A., Cao, L., Luo, J., & Han, J. (2010, outubro). The wisdom of social multimedia: using flickr for prediction and forecast. In Proceedings of the 18th ACM international conference on Multimedia (pp. 1235-1244). ACM.

Jin, Y., Khan, L., Wang, L., & Awad, M. (2005, novembro). Anotações de imagens através da combinação de provas múltiplas e wordnet. In Proceedings of the 13th annual ACM international conference on Multimedia (pp. 706-715). ACM.

Kannan, R., Ghinea, G., & Swaminathan, S. (2015). Deteção de região saliente usando abstrações de imagem em nível de patch e região. IEEE Signal Processing Letters, 22(6), 686-690.

Kavasidis, I., Palazzo, S., Di Salvo, R., Giordano, D., & Spampinato, C. (2014). Uma plataforma colaborativa inovadora baseada na web para anotação de vídeo. Ferramentas e Aplicações Multimédia, 70(1), 413-432.

Kennedy, L. S., Chang, S. F., & Kozintsev, I. V. (2006, outubro). To search or to label?: predicting the performance of search-based automatic image classifiers. In Proceedings of the 8th ACM international workshop on Multimedia information retrieval (pp. 249-258). ACM.

Kim, J., Nguyen, P. T., Weir, S., Guo, P. J., Miller, R. C., & Gajos, K. Z. (2014, abril). Crowdsourcing extração de informações passo a passo para melhorar os vídeos de instruções existentes. In Proceedings of the SIGCHI Conference on Human Factors in Computing Systems (pp. 4017-4026). ACM.

Kirubai D, Rajkumar K, (2018). Aproveitando as anotações sociais para refinamento de tags em multimídia cultural, *Revista Internacional de Pesquisa Científica em Ciência da Computação, Engenharia e Tecnologia da Informação (IJSRCEIT)*, Volume 3, Edição 1, ISSN: 2456-3307. 1802, pp.1802-1808.

Kirubai D, Rajkumar K, (2018). Uma revisão do estado da área: Uma pesquisa sobre técnicas de marcação multimídia, *Revista Internacional de Pesquisa Científica em Ciência e Tecnologia.* (IJSRST), Volume 4, Edição 5, pp. 377-386.

Kirubai D., Kannan, R. (2018). Capitalizando o conhecimento coletivo para refinamento de anotação de vídeo usando votação ponderada dinâmica, *Jornal Internacional de Pesquisa Científica em Ciência, Engenharia e Tecnologia (IJSRSET),* volume 4, edição 4, pp 750-754

Kuribayashi, T., Asano, Y., & Yoshikawa, M. (2013, maio). Método de classificação especializado para descrições de conteúdo de música clássica. Em Proceedings of the 22nd International Conference on World Wide Web (pp. 141-142). ACM.

Li, H., Yi, L., Guan, Y., & Zhang, H. (2013, janeiro). DUT-WEBV: um conjunto de dados de referência para avaliação de desempenho da localização de tags para vídeo na Web. Na Conferência Internacional sobre Modelagem Multimídia (pp. 305-315). Springer, Berlim, Heidelberg.

Li, H., Yi, L., Liu, B., & Wang, Y. (2014). Localizando quadros relevantes em vídeos da web usando modelo de tópico e filtragem de relevância. Visão mecânica e aplicações, 25(7), 1661-1670.

Li, X., Snoek, C. G., & Worring, M. (2009). Aprendizagem da relevância das etiquetas sociais através da votação dos vizinhos. IEEE Transactions on Multimedia, 11(7), 1310-1322.

Li, X., Snoek, C. G., Worring, M., & Smeulders, A. W. (2012). Colheita de imagens sociais para pesquisa de conceitos biológicos. IEEE Transactions on Multimedia, 14(4), 1091-1104.

Li, X., Snoek, C. G., Worring, M., Koelma, D., & Smeulders, A. W. (2013). Categorização visual de bootstrapping com negativos relevantes. IEEE Transactions on Multimedia, 15(4), 933-945.

Li, X., Uricchio, T., Ballan, L., Bertini, M., Snoek, C. G., & Bimbo, A. D. (2016). Socializando a lacuna semântica: A comparative survey on image tag assignment, refinement, and retrieval. ACM Computing Surveys (CSUR), 49(1), 14.

Li, Z., Liu, J., Zhu, X., Liu, T., & Lu, H. (2010, outubro). Anotação de imagem usando factorização de matriz probabilística de multi-correlação. Em Proceedings of the 18th ACM international conference on Multimedia (pp. 1187-1190). ACM.

Liu, D., Hua, X. S., Wang, M., & Zhang, H. (2009, junho). Aumentar a relevância da pesquisa para a recuperação de imagens sociais com base em etiquetas. Em Multimédia e Expo, 2009. ICME 2009. Conferência Internacional do IEEE sobre (pp. 1636-1639). IEEE.

Liu, D., Yan, S., Hua, X. S., & Zhang, H. J. (2011). Image retagging using collaborative tag propagation. IEEE Transactions on Multimedia, 13(4), 702-712.

Makadia, A., Pavlovic, V., & Kumar, S. (2008, outubro). Uma nova linha de base para anotação de imagens. Na conferência europeia sobre visão computacional (pp. 316-329). Springer, Berlim, Heidelberg.

Momeni, E., Cardie, C., & Ott, M. (2013, junho). Propriedades, Previsão e Prevalência de Comentários Úteis Gerados pelo Usuário para Anotação Descritiva de Objetos de Mídia Social. Em ICWSM.

Motti, V. G., & Raggett, D. (2013, maio). Quill: um assistente de design colaborativo para interfaces de utilizador de aplicações Web multiplataforma. Em Proceedings of the 22nd International Conference on World Wide Web (pp. 3-6). ACM.

Moxley, E., Mei, T., & Manjunath, B. S. (2010). Anotação de vídeo através de pesquisa e mineração de reforço de gráficos. IEEE Transactions on Multimedia, 12(3), 184-193.

Qian, Z., Zhong, P., & Wang, R. (2015). Refinamento de tag para imagens contribuídas pelo usuário por meio de aprendizado de gráfico e fatoração de tensor não negativo. IEEE Signal Processing Letters, 22(9), 1302-1305.

Schlining, K., Von Thun, S., Kuhnz, L., Schlining, B., Lundsten, L., Stout, N. J., ... & Connor, J. (2013). Detritos nas profundezas: Usando um banco de dados de anotação de vídeo de 22 anos para pesquisar lixo marinho em Monterey Canyon, centro da Califórnia, EUA. Investigação em águas profundas Parte I: Documentos de investigação oceanográfica, 79, 96-105.

Shi, J., & Malik, J. (2000). Normalized cuts and image segmentation (Cortes normalizados e segmentação de imagens). IEEE Transactions on pattern analysis and machine intelligence, 22(8), 888-905.

Siersdorfer, S., San Pedro, J., & Sanderson, M. (2009, julho). Marcação automática de vídeos usando redundância de conteúdo. In Proceedings of the 32nd international ACM SIGIR conference on Research and development in information retrieval (pp. 395-402). ACM.

Sigurbjörnsson, B., & Van Zwol, R. (2008, abril). Recomendação de etiquetas do Flickr com base no conhecimento coletivo. Em Proceedings of the 17th international conference on World Wide Web (pp. 327-336). ACM.

Snoek, C. G., Freiburg, B., Oomen, J., & Ordelman, R. (2010, outubro). Crowdsourcing rock n'roll multimedia retrieval. In Proceedings of the 18th ACM international conference on Multimedia (pp. 1535-1538). ACM.

Soleymani, M., & Larson, M. (2010). Crowdsourcing para anotação afectiva de vídeo: Desenvolvimento de um corpus de tédio relatado pelo espetador.

Song, H., Li, X., & Wang, P. (2009, julho). Anotação automática de imagens com base num modelo de relevância melhorado. Em Processamento de Informação, 2009. APCIP 2009. Conferência Ásia-Pacífico sobre (Vol. 2, pp. 59-62). IEEE.

Song, J., Yang, Y., Huang, Z., Shen, H. T., & Luo, J. (2013). Hash de múltiplos recursos eficazes para recuperação de vídeo quase duplicado em grande escala. IEEE Transactions on Multimedia, 15(8), 1997-2008.

Tang, J., Chen, Q., Wang, M., Yan, S., Chua, T. S., & Jain, R. (2013). Para otimizar a rotulagem humana para marcação de imagens interativas. ACM Transactions on Multimedia Computing, Communications, and Applications (TOMM), 9(4), 29.

Tang, J., Hong, R., Yan, S., Chua, T. S., Qi, G. J., & Jain, R. (2011). Image annotation by k nn-sparse graph-based label propagation over noisily tagged web images. ACM Transactions on Intelligent Systems and Technology (TIST), 2(2), 14.

Tang, J., Li, H., Qi, G. J., & Chua, T. S. (2010). Image annotation by graph-based inference with integrated multiple/single instance representations (Anotação de imagens por inferência baseada em gráficos com representações integradas de múltiplas/únicas instâncias). IEEE Transactions on Multimedia, 12(2), 131-141.

Tsai, D., Jing, Y., Liu, Y., Rowley, H. A., Ioffe, S., & Rehg, J. M. (2011, novembro). Anotação de imagens em grande escala usando synset visual. Em Computer Vision (ICCV), 2011 IEEE International Conference on (pp. 611-618). IEEE.

Ulges, A., Schulze, C., Koch, M., & Breuel, T. M. (2010). Aprendizagem de detectores automáticos de conceitos a partir de vídeos online. Computer vision and Image understanding, 114(4), 429-438.

Verbeek, J., Guillaumin, M., Mensink, T., & Schmid, C. (2010, março). Image annotation with tagprop on the mirflickr set. Em Proceedings of the international conference on Multimedia information retrieval (pp. 537-546). ACM.

Vondrick, C., Patterson, D., & Ramanan, D. (2013). Efficiently scaling up crowdsourced video annotation. International Journal of Computer Vision, 101(1), 184-204.

Wang, C., Jing, F., Zhang, L., & Zhang, H. J. (2006, outubro). Refinamento de anotação de imagem usando passeio aleatório com reinícios. Em Proceedings of the 14th ACM international conference on Multimedia (pp. 647-650). ACM.

Wang, C., Jing, F., Zhang, L., & Zhang, H. J. (2007, junho). Refinamento de anotação de imagem baseado em conteúdo. Em Visão computacional e reconhecimento de padrões, 2007. CVPR'07. Conferência IEEE sobre (pp. 1-8). IEEE.

Wang, Z., Zhao, M., Song, Y., Kumar, S., & Li, B. (2010, junho). Youtubecat: Aprendendo a categorizar vídeos selvagens da web. Em Computer Vision and Pattern Recognition (CVPR), 2010 IEEE Conference on (pp. 879-886). IEEE.

Xue, X., Luo, H., & Fan, J. (2010, julho). Aprendizagem estruturada de margem máxima para anotação de imagens com vários rótulos. Em Proceedings of the ACM International Conference on Image and Video Retrieval (pp. 82-88). ACM.

Yakhnenko, O., & Honavar, V. (2008, agosto). Anotação de imagens e objectos de imagem utilizando um modelo de processo dirichlet hierárquico. In Proceedings of the 9th International Workshop on Multimedia Data Mining: held in conjunction with the ACM SIGKDD 2008 (pp. 1-7). ACM.

Yang, Y., Yang, Y., Huang, Z., Shen, H. T., & Nie, F. (2011, junho). Localização de tags com correlações espaciais e esparsidade de grupo conjunto. Em Computer Vision and Pattern Recognition (CVPR), 2011 IEEE Conference on (pp. 881-888). IEEE.

Yang, Y., Zha, Z. J., Shen, H. T., & Chua, T. S. (2013, janeiro). Indexação robusta de vídeo semântico por meio da coleta de imagens da web. Na Conferência Internacional sobre Modelação Multimédia (pp. 70-80). Springer, Berlim, Heidelberg.

Zhu, G., Yan, S., & Ma, Y. (2010, outubro). Image tag refinement towards low-rank, content-tag prior and error sparsity. Em Proceedings of the 18th ACM international conference on Multimedia (pp. 461-470). ACM.

Conjunto de dados

1) DUT-WEBV: https://sites.google.com/site/dutwebv

2) NUS-WIDE: https://ims.comp.nus.edu.sg

MIX
Papier aus verantwortungsvollen Quellen
Paper from responsible sources
FSC® C105338

Printed by Books on Demand GmbH, Norderstedt / Germany